BIBLIOTHÈQUE DU MOUSQUETAIRE

SAPHIR

PIERRE PRÉCIEUSE MONTÉE

PAR

ALEXANDRE DUMAS

PARIS
COULON-PINEAU, LIBRAIRE
SUCCESSEUR DE CHARPENTIER
Palais-Royal, galerie d'Orléans, 16.

1854

BIBLIOTHÈQUE DU MOUSQUETAIRE

SAPHIR

PIERRE PRÉCIEUSE MONTÉE

PAR

ALEXANDRE DUMAS

PARIS
COULON-PINEAU, LIBRAIRE
SUCCESSEUR DE CHARPENTIER
Palais-Royal, galerie d'Orléans, 16.

1854

SAPHIR

OUVRAGES PHONÉTIQUES

Par Adrien FÉLINE.

MÉTHODE DE LECTURE, première partie;
Syllabaire phonétique. Prix. . . . . » 60

MÉTHODE DE LECTURE, deuxième partie;
passage de l'écriture phonétique à l'écriture
usuelle; Histoire de Pierre Lavisé. 3 50

QUATRE TABLEAUX pour enseigner par la méthode simultanée. . . . . » 60

EXERCICE DE LECTURE PHONÉTIQUE.
Robinson. . . . . 3 »

DICTIONNAIRE DE LA PRONONCIATION
précédé d'un Mémoire sur la réforme des
Alphabets et suivi des verbes . . . . 9 »

LE MÉMOIRE, seul. . . . . » 50

LES VERBES, seuls. . . . . » 25

BIBLIOTHÈQUE DU MOUSQUETAIRE

SAPHIR

PIERRE PRÉCIEUSE MONTÉE

PAR

ALEXANDRE DUMAS

PARIS
COULON-PINEAU, LIBRAIRE
SUCCESSEUR DE CHARPENTIER
Palais-Royal, galerie d'Orléans, 16.

1854

On a raconté avec cette espèce d'exagération qui s'attache à tout ce que j'ai fait, cette magnifique fête que j'ai donnée à Bruxelles aux danseurs et aux danseuses espagnols, ou plutôt que les danseurs et danseuses espagnols m'ont donnée, et qui a coûté quelque chose comme trois cents ou trois cent cinquante francs.

— Ce n'est donc pas dix mille francs, ce n'est donc pas vingt mille, ce n'est donc pas trente mille francs que la fête a coûté?

— Non, c'est cent écus.

Eh bien! à cette fête il y avait des députés de toutes les nations. M. de Gorowski y représentait à la fois la France et l'Espagne; mon vieil ami Greetch y représentait la Russie; mon ami Van Haesslt représentait la Flandre et la Hollande; mon ami Saphir représentait l'Allemagne.

Mon ami Saphir habite Vienne; il est conseiller et poète.

— Comment! conseiller et poète?

— Eh! mon Dieu, oui. En Allemagne, ces deux titres, ou plutôt ce titre et cette qualité vont très-bien ensemble.

Mon ami Saphir est un homme de soixante ans, aux cheveux blonds, aux yeux brillants comme la pierre à laquelle il a emprunté son nom, à la bouche un peu rentrée, signe de finesse et de sarcasme, au menton pointu, à la cravate et au gilet blancs, à l'habit noir d'une méticuleuse propreté.

Il a de l'esprit comme les Allemands, quand ils en ont, c'est-à-dire comme quatre Français spirituels.

Voyez plutôt mon ami Heine !

Eh bien ! l'esprit de Saphir est un esprit dans le genre de celui-là.

Ainsi que Heine, d'ailleurs, il parle la langue française comme un Blaisois ou comme un Tourangeau.

En souvenir de l'hospitalité d'un soir que j'ai eu le bonheur de lui offrir, d'une amitié de toute la vie que j'ai eu le bonheur de lui vouer, voilà que je trouve sur ma table de travail, venant de sa part, une douzaine de feuillets, d'une écriture indéchiffrable pour moi, mais qu'a déchiffrée en mon lieu et place mon traducteur ordinaire. Ces feuillets, les voici.

N'est-ce pas que c'est un homme de beaucoup d'esprit, et un grand fantaisiste, que mon ami Saphir?

LE LIVRE DE LA VIE & SON CENSEUR

Fragments des œuvres humoristiques DE SAPHIR.

Le LIVRE DE LA VIE, livre écrit, édité, imprimé, publié et relié, il y a quelque six mille ans, par ce grand inconnu que tout le monde prétend connaître; ce livre, le seul peut-être qui n'ait jamais subi de contrefaçon, a été cependant soumis à un censeur qui efface souvent les plus belles choses du livre, et laisse l'homme remplir les places vacantes, avec des tristesses, des soupirs, des larmes.

Ce censeur se nomme LA FATALITÉ.

Comme tout livre, le *Livre de la Vie* a

deux feuillets blancs à son commencement, deux feuillets blancs à sa fin :

Les feuillets immaculés de l'enfance, les feuillets vides de la vieillesse.

Le texte du livre se déroule entre eux.

L'auteur, dans le mystère impénétrable de sa sagesse, a distribué le livre de sa propre main à l'humanité tout entière.

Seulement, il a varié les formats.

A l'un, il l'a donné *in-folio ;*

A l'autre, *in-octavo ;*

A celui-ci, *in-douze ;*

A celui-là, *in-dix-huit.*

Quelques-uns même l'ont reçu *in-trente-deux.*

Enfin, à celui-ci, il l'a offert imprimé sur le papier satiné du bonheur et de la richesse ;

A celui-là, sur le papier gris et sale de la misère.

L'un a trouvé dans son berceau ce livre relié en velours et doré sur tranche. Celui-là le lit en souriant ; des anges blancs et roses ont doucement arrêté la pendule, afin qu'il n'entende pas sonner les heures et n'ait pas même la fatigue de mesurer le temps.

Les génies de la joie et du bonheur sont debout à ses côtés, et de leurs mains célestes tournent chaque page juste au moment où son œil en parcourt les dernières lettres.

L'autre, au contraire, l'a heurté à son premier pas et a manqué trébucher comme lui; — il l'a ramassé, le tient lourdement entre ses mains pâles, entre ses doigts amaigris; il soupire, pleure, sanglote en lisant, et, s'il ne le laisse pas tomber tant il est pesant, c'est parce qu'il voit que peu à peu les numéros s'avancent et que le livre tire à sa fin.

Pour le premier, le livre est trop court, et, quand il l'a fini, il voudrait le recommencer.

Pour le second, il est immense, et quand il l'a achevé, il respire et s'écrie : Enfin !

Pour d'autres, il est si plein de douleurs ou d'ennuis que, ceux-là on les appelle des lâches, que ceux-là, dis-je, n'ont pas assez de courage pour achever leur lecture, et que fermant, à moitié lu, le *Livre de la Vie*, ils le jettent violemment loin d'eux.

Ainsi les enfants de la terre sont assis sur la longue banquette de l'existence comme les bambins sur le banc de l'école; pareils à des écoliers, ils épellent le *Livre de la Vie*, parfois si difficile à lire couramment, se chicanent entre eux, veulent s'arracher le livre l'un de l'autre, essaient de lire dans les livres de leurs voisins ; jugeant chaque volume d'après sa reliure, celui qui a la reliure en peau de chagrin, faisant tout ce qu'il peut pour troquer de bonne volonté, par ruse ou par force, son livre contre un livre relié en cuir de Russie, en maroquin ou en velours.

Hélas! s'il pouvait lire dans ce livre si bien doré, si bien relié, combien parfois de lamentations douloureuses n'y trouverait-il pas!...

D'autres ne savent ce qu'ils lisent : ils ont tout d'abord pris le livre à l'envers, et s'obstinent à le tenir ainsi ; de sorte que le jour où ils en ont tourné toutes les pages, ils sont arrivés à la fin du volume sans avoir compris un seul mot de l'intrigue du roman qu'ils viennent de parcourir.

Puis enfin, pendant un triste jour ou une sombre nuit, arrive le hideux valet de l'établissement, le crâne chauve, les yeux vides, une faux à la main ; il vient de la part et d'après les ordres du grand bibliothécaire, qui prête à chacun le *Livre de la Vie*, et l'arrache à celui qui le tient, qu'il en ait lu trois pages, dix pages, vingt pages, ou qu'il l'ait lu tout entier; — et quand les hommes ont ou perdu ou déchiré ou sali leur livre, il ont un compte terrible à rendre au cabinet de lecture du Ciel.

Mais alors !...

Alors s'avanceront, vers le bureau de l'auteur inconnu du *Livre de la Vie*, maints cœurs brisés, mainte espérance déçue, mainte vie flétrie, mainte âme rongée de douleurs, mainte poitrine oppressée de larmes. Ils demanderont, tous ces déshérités, ils demanderont à l'auteur céleste, avec un accent mêlé de soupirs, avec une voix entremêlée de sanglots, avec des paroles qui ne seront que des récriminations et des plaintes, ils demanderont :

Pourquoi, ô grand et sublime auteur du *Livre de la Vie*, pourquoi la misère et la faim, la tristesse et les larmes, le malheur et le désespoir étaient-ils imprimés en grand **cicéro** dans notre exemplaire, à nous, tandis que le plaisir et la gaîté, l'espoir et l'amour, la joie et la richesse, le bonheur et l'amitié étaient stéréotypés en petit-romain à peine lisible, et plein de fautes d'impression?

Pourquoi, grand et sublime auteur, pourquoi ton censeur implacable a-t-il biffé dans notre exemplaire toute la joie, et surtout le bonheur?

Pourquoi n'y a-t-il laissé que la tristesse et que les larmes?...

Que leur répondra le grand auteur?

C'est ce que nous ne saurons jamais, ou plutôt ce que nous ne saurons que lorsque la réponse nous sera faite à nous-même.

PREMIÈRE GRANDE BIFFURE DU CENSEUR DE LA VIE

Argent. — Sans Argent.

On partage le monde en deux espèces d'hommes :

1º Les hommes qui ont de l'argent ;

2º Les hommes qui n'ont pas d'argent.

Nous nous trompons, — excusez-nous, chers lecteurs.

Les hommes qui appartiennent à la seconde catégorie ne sont pas des hommes.

Ce sont ou des diables, — de *pauvres diables!* bien entendu, — ou des anges, — des anges de *patience* et de *résignation*.

Nous entrons dans ce monde sans argent, sans dents et sans femmes, et nous sortons de ce monde sans femmes, sans dents et sans argent.

Donc, qu'avons-nous fait dans ce monde ?

Nous y avons fabriqué de l'argent, fait des dents, puis des femmes.

Puis, au bout d'un certain temps, nous avons perdu nos femmes, nous avons perdu nos dents, et surtout et avant tout, nous avons perdu notre argent.

Ma foi ! cela valait-il bien la peine d'y venir dans ce monde ?

Avant de faire des dents, nous avons la fièvre que les médecins appellent la fièvre *dentaire;* avant de prendre une femme, nous avons la fièvre que les philosophes appellent la fièvre *amour.*

Puis, à peine avons-nous nos dents qu'elles nous font souffrir, nos femmes qu'elles nous font enrager; si bien que lorsque la douleur devient trop vive, le tourment trop continu, nous sommes obligés de les faire arracher aussi bien les unes que les autres.

Les dents et les femmes poussent d'elles-mêmes, mais si l'on n'en prend pas un soin perpétuel, elles se gâtent bien vite; pour les guérir alors on est obligé d'employer une certaine poudre, et particulièrement la poudre inventée par le docteur Barthold Schwartz, fameux dentiste pour les maux de dents au cœur, comme dit fort bien quelque part notre spirituel ami Henri Heine.

L'argent, au contraire, ne vient pas tout seul, et souvent un homme sort de ce monde, sans avoir entendu le son, sans avoir vu la couleur de l'argent.

J'avoue que je serais curieux d'entendre là-haut la réponse de cet homme quand on lui demandera :

— Qu'as-tu fait sur la terre?

Comme il est trop simple d'analyser le mot DENT; comme il est trop compliqué pour nous, nous l'avouons, d'analyser le mot FEMME, nous allons nous attaquer au mot ARGENT, que nous rencontrons, non seulement à chaque page, mais encore à chaque ligne du *Livre de la Vie*.

— Qu'est-ce donc que l'argent?

— L'argent?

— Oui.

— L'ARGENT est un grelot que Dieu attache au cou des hommes insignifiants, afin qu'ils ne se perdent pas dans la création, comme un bon pasteur attache une sonnette au cou d'un mouton imbécille, afin qu'il ne s'égare pas dans une forêt, ou que, s'il s'y égare, on puisse l'y retrouver.

Ou plutôt, mieux encore ; tenez, je crois avoir rencontré une définition meilleure.

L'ARGENT est une boule que Dieu attache au cou des hommes insignifiants, afin qu'ils ne se perdent pas dans la création, ainsi qu'un aubergiste soigneux attache une balle de plomb à une certaine clef... indispensable dans certains cas pour ouvrir... certaines portes.

Lesquelles portes resteraient fermées, si l'on n'avait point des clefs spéciales pour les ouvrir.

L'ARGENT est un chiffre qui n'a de valeur que pour les zéros, qui viennent d'eux-mêmes s'aligner derrière lui.

L'ARGENT est un talon de botte en usage chez les petits hommes ; en grandissant le talon, ils arrivent à faire croire qu'ils sont de taille ordinaire, et même quelquefois de grande taille. Il est vrai qu'il n'y a guère que les sots qui se trompent si grossièrement, et encore parce qu'ils les mesurent à leur aune.

L'ARGENT est une indemnité que Dieu donne à certaines gens, à cette condition expresse qu'ils ne sauront jamais ce que c'est que l'esprit, le talent ou le génie.

L'ARGENT, ce sont des larmes d'or que la destinée, — la destinée est aveugle, — que la destinée pleure sur les misères humaines, en tenant par erreur quelque usurier embrassé par le cou. L'usurier recueille à deux mains ces larmes précieuses et les met dans sa poche.

L'ARGENT, c'est un accent grave sur un *e* muet.

L'ARGENT, c'est le bouton de la sonnette du cœur. Seulement, souvent il n'y a que le bouton et la chaîne. Un de mes amis dit que dans ce cas c'est la sonnette qui manque, moi je dis que c'est le cœur.

L'ARGENT est l'affiche publique que l'on met

à la porte de certaines maisons de banque ou autres, avec le soin égoïste d'écrire au-dessous : *La mendicité est interdite dans ce département.*

L'ARGENT est la mystérieuse définition d'un être qui définit son moi ainsi : Si je N'ÉTAIS pas ce que J'AI, je N'AURAIS pas ce que je SUIS.

Mais maintenant qu'est-ce donc que la définition de ces deux mots :

SANS ARGENT.

SANS ARGENT, c'est la chose dont sont pleines toutes les poches vides.

SANS ARGENT est l'alibi d'un être qui doit témoigner à d'autres qu'à nous qu'il existe véritablement.

SANS ARGENT est une souffrance incessante que nous supportons par une perpétuelle obstruction de la fortune.

SANS ARGENT est une secrète invitation de la nature à faire des dettes, avec l'ordre impitoyable donné par elle de ne pas les payer.

SANS ARGENT est une traite sur le ciel, écrite avec l'encre sympathique, qui ne devient visible que lorsqu'on a jeté sur elle la poussière de sa propre tombe.

SANS ARGENT est l'irrésistible inclination de

notre bourse à la mélancolie, par suite d'un amour malheureux pour un objet qu'elle ne peut atteindre.

Sans argent est un éternuement qui dure soixante-dix ans, pendant lesquels tout le monde nous dit : Dieu vous bénisse ! sans que personne vous prête un mouchoir.

Sans argent est un refrain que le peuple chante à haute voix, tandis que la noblesse, moins franche, se contente de le murmurer entre ses dents.

Sans argent est un léger mal de tête chez les grands seigneurs, une fièvre intermittente chez les gentilshommes, une apoplexie chez les commerçants, une maladie d'estomac chez le peuple.

Sans argent, c'est avoir la cataracte au bout des doigts.

Mon Dieu, qu'est-ce donc qu'un homme sans argent ?

Une anecdote rabâchée, — un plat réchauffé, — un texte sans mélodie, — une coquette devenue vieille, — un fruit pourri, — un calendrier du dernier an, — un caniche perdu sans récompense promise.

Sans argent aucun régnant ne peut régner, aucun ministre ministrer, aucun guerrier guerroyer, aucun peintre peindre, aucun laboureur labourer, aucun poète chanter.

Je me trompe, pardon, c'est justement lorsqu'ils n'ont pas d'argent que les poètes chantent : mais pourquoi chantent-ils ? Parce qu'en chantant ils gagnent de l'argent.

Voilà, chers lecteurs, la première biffure du censeur du *Livre de la Vie*.

Elle est triste.

Eh bien ! la seconde est plus triste encore que la première ; — la voici :

SECONDE GRANDE BIFFURE DU CENSEUR DE LA VIE.

Mère. — Sans Mère.

Amour d'une mère, sainte introduction du *Livre de la Vie !* douce exposition de l'existence ! bijou le plus précieux qu'il y ait dans un écrin princier ! roi au royaume du sentiment !

O toi, chère lectrice, toi qui connais le bonheur ineffable de presser un enfant bien-aimé sur ton cœur, ne te semble-t-il pas, quand tes bras se rapprochent amoureusement de ta poitrine, ne te semble-t-il pas que tous les objets qui t'entourent nagent dans une mer de couleurs brillantes, dans un océan de suaves et douces mélodies? — Dis-moi, lorsqu'on t'a saluée pour la première fois du nom bienheureux de mère, est-ce qu'un nouveau monde ne s'est pas ouvert devant toi, belle lectrice, tandis que le monde du passé s'écoulait derrière toi, cachant sous ses ruines jusqu'à la trace de tes pas? — Dans cet abîme ouvert par sa chute, dans ce chaos amené par son éboulement, est-ce que tu n'as pas jeté tous tes caprices, toutes tes occupations frivoles, toutes tes coquetteries de jeune fille, comme on jette une robe de bal que l'on a déjà portée deux fois? Oh! oui, tu as fait cela, car, à partir de ce moment, l'amour maternel a seul rempli ton cœur, et tu as senti que ta vie à venir n'était plus autre chose que l'aile protectrice, que le bras qui défend, que la main qui guide cet enfant de tes entrailles !

Et toi, cher lecteur, si ton enfance s'est écoulée dans les enivrants préludes de l'amour maternel; si la main d'une mère t'a guidé à travers les allées de la jeunesse; si l'œil d'une

mère t'a souri aux heures amères de la douleur;
si une larme de mère, fraîche et douce, a
mouillé ta joue, se mêlant à tes larmes amères
et brûlantes ; si un baiser de mère a rafraîchi
ton front bouillant d'amour, — ou réchauffé ton
front glacé de désespoir; — si la consolation
d'une mère a calmé la révolte de ton cœur irrité,
— ou les paradoxes de ton esprit fiévreux ; — si
une tête de mère s'est inclinée sur ta tête pendant la sombre et orageuse nuit de tes passions;
si c'est le bras d'une mère qui t'a soutenu pour
faire ta première promenade de convalescence ;
si la poitrine d'une mère s'est appuyée contre ta
poitrine dans un de ces moments où l'on ne
croit plus aux hommes, et où, les bras levés et
tendus vers le ciel, on a plus que ces deux paroles : Mon Dieu ! mon Dieu ! alors, ô mon cher,
ô mon bienheureux lecteur, tu as goûté le miel
de la vie! Ne te plains plus de ce qui pourra
t'arriver de mal ici-bas ! Tu as eu ta part du
ciel en ce monde ! Tu peux sourire de pitié et
hausser les épaules si la fatalité te frappe. Elle
ne saura jamais te frapper si sensiblement, si
douloureusement, — employât-elle sa verge de
fer, — frappât-elle ses plus rudes coups, —

elle ne saura jamais te frapper si sensiblement, si douloureusement, que le bonheur t'a ému en permettant que la lèvre d'une mère effleurât tes cheveux !

Mais malheur à celui de l'existence duquel l'implacable censeur de la vie a biffé la première lettre majuscule du bonheur ! — Malheur à l'homme qui, sans mère, s'égare dans le labyrinthe de la jeunesse ! — Malheur à l'homme qui a perdu ce qu'il y a de plus saint sans l'avoir aimé ! — Malheur à l'homme pour lequel le soleil s'est éteint avant qu'il en ait pu adorer l'éclat, et qui passe une longue vie à la clarté d'une mauvaise chandelle, laquelle projette à peine l'ombre diaphane de ses larmes !

Oh ! triste vie, amère existence, navrante destinée que celle de l'homme qui ne peut pas même se rappeler le visage de sa mère, pour parler à ce fantôme d'ange au milieu de sa joie ou dans sa douleur, pour l'invoquer dans la solitude ou dans le monde, plus désert souvent que la solitude, pour le supplier de nous donner le courage, la consolation, la force, au moment de la douleur et du désespoir !

N'est-ce pas terrible, dites-moi, de ne pouvoir garder dans son esprit l'image de sa mère, perdue depuis des années? Oh! ceux qui ont reflété assez longtemps cette image sacrée pour la garder empreinte dans le cœur de leur cœur, comme dit Hamlet, ceux-là sont heureux, bien heureux ! Ils peuvent évoquer cette image chérie, la faire poser devant eux, pleurer avec elle, lui dire leurs chagrins. Ceux-là peuvent conduire avec eux, dans les rudes et arides sentiers de la vie, cette image bien-aimée. Ils peuvent à ce nuage divin, pareil à celui qui guidait Enée sur le rivage brûlant de Carthage, rafraîchir leur visage en feu. — Ils peuvent envelopper enfin dans ce céleste souvenir leurs faces inondées de larmes, comme l'enveloppe dans les plis de la robe de sa mère l'enfant qui a peur des fantômes de la nuit.

Ceux-là, au moment où la dure déception de la fortune, de l'amitié ou de l'amour leur brise le cœur; ceux-là, à l'heure où leurs plus chaudes et leurs plus chaleureuses pensées se brisent contre ce rocher de glace où viennent échouer tant d'espérances, et qu'on appelle la réalité, — à la minute où ces pensées repoussées rentrent dans le cœur, comme autant de poignards aux pointes aiguës et empoisonnées ; ceux-là peuvent du moins poser leur tête sur l'épaule du bienheureux fantôme en disant :

— Oh ! pleure avec moi, — pleure, — pleure, — pleure, bonne mère !

Notre imagination nous mène trop loin ; un livre avec de pareilles biffures est terrible, — il est atroce !

Et même celui-là encore doit se dire heureux, qui peut dans un jour de désolation faire un pèlerinage au tombeau de sa mère quand la vie est devant nous, avec ses belles vallées d'amour, son beau firmament plein d'arcs-en-ciel, ses groupes de chérubins frais et roses comme des sourires de fiancées, pleins de grâce et de clémence comme le regard d'un Messie, quand les plus douces espérances inondent notre cœur de leur voluptueux frôlement ; et quand alors tout à coup, par une froide ironie du sort, quelque cataclysme terrible s'opère dans la vie, qui comble nos vallées, déchire notre firmament, disperse nos arcs-en-ciel, quand ont disparu les groupes de chérubins, quand sont effacés les suaves sourires des fiancées, quand s'est éteint le regard clément du Messie, quand on se sent si seul dans ce monde, que l'on étend les bras autour de soi, et quelcs bras, ne trouvant pas d'appui, ne battent que l'air : oh! alors, c'est une dernière, c'est une suprême consolation que de pouvoir se jeter la face contre ce sol qui recouvre le corps d'une mère, et de pouvoir tremper cette terre de ses larmes, en même temps qu'on la presse et qu'on la réchauffe de ses baisers.

Mais quand on a dit adieu à ses illusions et à ses espérances, à son amour et à son bonheur ; quand celui qui est dénué ainsi n'a même pas dans ce monde, si grand qu'il soit, une tombe où pleurer, alors cet homme a le droit, quand la Mort lui aura arraché des mains le *Livre de la Vie*, de s'avancer vers l'auteur du livre, et, la tête haute, le sourcil froncé, de lui jeter ce mot terrible et plein de reproche :

— Pourquoi ?

Et l'auteur du livre, dans sa volonté infinie, baissera tristement la tête, tendra de sa main droite un exemplaire du *Livre de la Vie* encore intact et tel qu'il l'a fabriqué à son malheureux lecteur, en disant :

— Regarde !

Et quand l'homme regardera ce livre, ses yeux seront émerveillés de sa beauté, éblouis de sa splendeur; alors il songera à cette différence qu'il y a entre ce livre, si radieux et si pur, que l'auteur lui montre, et le livre sale et flétri qui lui était échu en partage, et une seconde fois il demandera :

— Pourquoi?

Alors l'auteur sublime et bon, la puissance infinie et miséricordieuse, étendra la main vers un coin du ciel, et une seconde fois dira :

— Regarde !

Et l'homme distinguera, assis sur un divan de peau de tigre et de serpent, un vieillard, avec un faux-col et des lunettes vertes, écrivant avec la pointe d'un poignard trempé dans une encre faite de lie de sang et de fiel, et au-dessus de la tête du vieillard, il lira ces mots écrits en lettres de feu :

CENSURE DIVINE
FATALITÉ
CENSEUR EN CHEF.

Mais une chose qui étonne chacun, c'est qu'il y a des *Livres de la Vie,* splendides de relivre, magnifiques de caractère, et tellement soignés par l'auteur, que pas une faute ne s'y est glissée, ou qu'il s'y est glissé si peu de fautes que ce n'est pas la peine d'en parler, tandis qu'il y en a d'autres qui fourmillent d'*errata*, et où le mot *malheur* est constamment écrit à la place du mot *joie*, et le mot *infortune* à la place du mot *félicité*.

Et alors cet homme se dit en secouant la tête d'une façon désespérée : — Un censeur doit être impartial, surtout lorsqu'il censure l'œuvre de Dieu ; comment donc se fait-il qu'il y ait des exemplaires du *Livre de la Vie* dans lesquels le censeur n'a rien biffé ou biffé à peine quelques mots ?

Eh bien ! nous allons vous dire pourquoi.

C'est que le grand censeur du livre divin, c'est que la Fatalité, enfin, a l'habitude de prendre du tabac à priser.

— Comment ! vous écrierez-vous tous tant que vous êtes, cher monsieur Saphir, avez-vous l'intention de vous moquer de nous, en nous contant une pareille bourde ?

— Je vous jure...

— Vous voulez nous faire accroire que, si

nous avons eu la chance de trouver dans notre livre de la joie et du bonheur, de la gaîté et de l'argent, de l'esprit et de l'amour, c'est parce que..., comment avez vous dit cela? parce que la Fatalité a l'habitude de prendre du tabac!

— Laissez-moi vous expliquer...

— Allons donc, cher monsieur Saphir, permettez-nous de vous dire que ce que vous avancez là n'a pas le sens commun.

— Patience, cher lecteur.

— Ainsi, vous soutenez votre dire?

— Et si vous me laissez parler, je l'appuie de preuves irrécusables.

— Parlez, mon cher monsieur Saphir.

— Eh bien! écoutez-moi.

— Nous écoutons.

— Il faut que je vous apprenne une chose que vous ne savez pas, ou, si vous la savez, il faut que je vous la rappelle, dans le cas assez probable où vous l'auriez oubliée; c'est qu'il y a au ciel bon nombre de ces charmants petits espiègles d'anges qui nous font si fort enrager ici-bas, et que nous aimons tant.

Or, ces petits anges continuent là-haut leur métier, et vous comprenez bien que le censeur

Fatalité, si rébarbatif qu'il soit, n'a point échappé à leur malice. Quand il a pris sa prise de tabac dans une tabatière en bois d'ébène, il a l'habitude de tirer de sa poche un gros mouchoir à carreaux rouges, de se pincer le haut du nez avec la main gauche, et de se secouer de la main droite le bas du nez, comme s'il avait l'intention bien déterminée de se l'arracher. Eh bien ! pendant les quelques secondes que dure l'opération, tandis que la Fatalité sonne la trompette, tandis que le mouchoir à carreaux lui voile les yeux, les petits chérubins ne trouvent pas de meilleures plaisanteries à faire que de tourner au bonhomme quelques feuillets du livre qu'il est en train de biffer ; quelquefois même le quart, la moitié, les trois quarts du livre y passent. Il arrive même, d'autres fois encore, qu'ils substituent un livre à un autre, lui remettant ce livre neuf à la place de celui qui était sur ses genoux, et l'ouvrant à peu près où l'autre était ouvert. Alors le censeur se remet à la besogne, biffant à l'endroit où le livre est ouvert, car le pauvre vieux n'a aucune mémoire.

— Eh bien ! après.

— Après. Vous ne comprenez donc pas

que les feuilles blanches et heureuses que vous avez trouvées dans votre exemplaire du *Livre de la Vie* étaient celles que les bons petits anges avaient tournées pendant que la Fatalité se mouchait ?

———

N'est-ce pas, lecteurs, que mon ami Saphir est un grand philosophe, et qu'il a eu une bonne idée le jour où il m'a envoyé les fragments que nous avons mis sous vos yeux ?

Mais que diriez-vous si ses observations si fines, si gaies, si légères, si profondes, si mélancoliques, ne s'étaient point arrêtées au monde des hommes, et, traversant le monde des quadrupèdes, s'étaient étendues jusqu'à celui des insectes?

Que diriez-vous si, ayant recueilli les pensées d'un hanneton, animal que, dans notre ignorance et notre orgueil, nous avons classé au nombre des créatures les moins pensantes de la création, il venait aujourd'hui vous offrir ces pensées sous le titre de : *Réflexions mondaines d'un hanneton.*

Vous diriez que cela vous étonne de la part du hanneton, mais qu'après ce que vous avez lu, cela ne vous étonne point de la part de mon ami Saphir, et vous auriez raison. Voyez plutôt.

RÉFLEXIONS MONDAINES D'UN HANNETON

Lorsque j'eus suffisamment appris de l'enchanteur Abdahabdahambra le langage des insectes, j'essayai, pour me rendre compte à moi-même de mes capacités, de comprendre le bourdonnement d'un hanneton qui volait autour de moi pendant une belle soirée du mois de mai.

Or, voici ce que je compris.

Oh! comme c'est donc beau, bourdonnait l'insecte, et comme c'est bon et prévoyant à l'Être suprême, au Créateur universel, d'avoir créé ce mois de mai pour nous autres insectes exclusivement !

Nous n'avons qu'un mois d'existence ; mais ce mois, c'est un mois fait de fleurs, de bois, de soleil et de parfums ; mais ce mois, c'est le mois de mai.

L'homme, il est vrai, vit bien autrement longtemps que nous ; mais, mon Dieu, le pauvre animal (1), quel triste sort lui garde cette longévité, dont il est si fier ! Depuis le mois de mai jusqu'au mois de septembre la chaleur le rôtit, et du mois de septembre jusqu'au mois de mai le froid le gèle. Il y a plus : quand au mois de mai l'homme sort de sa maison encore endormi de ses neuf mois d'hiver, comme une marmotte qui sort de son terrier, il se frotte les yeux pour voir si les feuilles sont déjà vertes, et, avant qu'il ait fini de se frotter les yeux, les feuilles sont redevenues jaunes.

Oh ! mon Dieu, mon Dieu ! que les hommes sont donc... zum, zum, zum, zum, zum (2) !

(1) Le hanneton disait *la pauvre bête* ; nous avons légèrement altéré le substantif, pour ne pas blesser la susceptibilité de nos lecteurs.

(2) Nous demandons pardon à nos lecteurs de leur offrir ici un sens incomplet ; mais avec la meilleure volonté du monde,

Oh! que cette aubépine qui fleurit là-bas est donc belle! Quelle joie de pouvoir voltiger autour de sa masse odorante et touffue, de pouvoir se baigner dans l'exhalaison de ses fleurs, de pouvoir patauger dans l'invisible rosée de ses parfums, de pouvoir, enfin, se reposer voluptueusement sur ses petites feuilles vertes, et d'en faire à la fois sa nourriture et son lit!

Mais voilà là-bas un homme, un homme qui sort de sa coquille en se frottant les yeux, parce qu'il a lu dans son calendrier que c'était aujourd'hui le premier de mai. Le pauvre sot! comme il nous est inférieur moralement et physiquement! D'abord, il n'a que deux pieds tandis que nous en avons six. Et que fait-il de ses deux pieds? De l'un il fait la révérence aux grands, de l'autre il écrase les petits. Il n'a que deux mains; l'une pour vider les poches de son voisin, l'autre pour remplir les siennes. Il n'a que

---

Il nous a été impossible de comprendre parfois certaines parties du bourdonnement du hanneton, soit que ce hanneton fût d'une province particulière, soit qu'il eût été affligé, comme cela arrive parfois à l'homme, d'un vice de prononciation.

Quand, à l'avenir, nos lecteurs verront cinq fois répété le mot zum, zum, zum, zum, zum, qui imite, autant qu'il est possible à notre langue si incomplète, la langue hanneton, ils comprendront que nous n'avons pas compris.

deux yeux ; l'un pour envier le vêtement de son voisin, l'autre pour convoiter la femme de son ami. Il n'a qu'un nez, et il ne sait pas pourquoi il l'a ; si c'est pour servir d'ornement à son visage (triste ornement chez beaucoup), ou pour flairer l'odeur des roses et pour le relever orgueilleusement vers le ciel en disant : Quelle charmante odeur ! comme si son nez était pour quelque chose dans cette odeur-là !

Puis il ajoute : Mon Dieu ! que tout cela serait beau sans ces maudits hannetons !

Et nous autres hannetons, nous qui ne tournons pas autour de la nature comme la chatte autour du lait bouillant ; nous qui ne baisons pas la pantoufle des grands ; nous qui, au lieu de chercher à amasser des richesses, de nous occuper à médire et de nous voler ou l'argent ou l'honneur les uns aux autres ; nous, pendant ce temps, nous nous roulons voluptueusement au milieu des charmes de la création ; nous regardons en petit ces hommes si fiers, et nous résumons notre opinion sur ces pauvres diables, plus à plaindre peut-être qu'à blâmer, par cette seule pensée : Oh ! que les hommes sont donc zum, zum, zum, zum, zum !

Ah ! mais voilà que grâce à mes ailes, — ornement qui manque aux hommes, et qu'ils voudraient bien avoir, si l'on en juge par les tentatives qu'ils font pour voler, — ah ! voilà que, grâce à mes ailes, j'ai découvert un magnifique pommier. Chaque branche, avec ses fleurs mariées en bouquet, a l'air d'une joue de chérubin, et la ronde sphère de l'arbre ressemble, en grand, aux jolis petits bonnets d'enfant tuyautés en laine rose et blanche.

Bon ! voilà la route odorante franchie ; me voilà posé sur une bonne petite branche verte. Nous allons pouvoir philosopher tout à notre aise dans la solitude et le recueillement.

Du bruit ! Qui fait ce bruit ?

Ah ! ah ! que vois-je donc au pied de mon pommier ?

Une paire d'amoureux.

Écoutons : sans doute rendent-ils grâces comme moi au Créateur en admirant la création.

— Ah ! fait l'amoureux.

— Ah ! fait l'amoureuse.

— Oh ! reprend le premier, que la vie et les écrevisses sont bonnes au mois de mai !

— Oh ! c'est le seul mois où l'amour et le beurre soient frais, répond la seconde.

— Ah ! continue-t-elle, si seulement il n'y avait pas de fourmis !

— Ah ! termine-t-il, si seulement il n'y avait pas de hannetons !

Mais comme il n'est pas au pouvoir des femmes de supprimer les fourmis, comme il n'est pas au pouvoir des hommes d'anéantir les hannetons, les hannetons pendant qu'on les calomnie, qu'on les maudit, qu'on les dévoue aux dieux infernaux, les hannetons bourdonnent en se disant :

Il est vrai que le beurre et les écrevisses sont meilleurs en mai que dans les autres mois de l'année, à ce que nous avons entendu dire aux hommes, du moins, nous qui ne vivons que de feuilles, de parfums et de rosée ; mais il nous semble que l'amour et la vie sont toujours également bons, également splendides, également enivrants, également divins. Laissez seulement vos cœurs être éternellement en joie ; que ce soit dans votre âme et non dans la création que le printemps se fasse. N'écrasez pas sous le pied pesant et boiteux du doute la fleur rose de l'espérance et la fleur dorée de la foi. Et la vie et l'amour vous seront éternellement nouveaux, éternellement frais, éternellement parfumés, même quand les écrevisses et le beurre ne vaudront plus rien. Mais, hélas! ô hommes ignorants et ingrats, vous montez vos cœurs d'après la saison, comme vos pendules d'après le soleil, et vous vous imaginez que, quand l'aiguille est au printemps, c'est l'heure de se mettre à table et de manger de la vie et de l'amour. Oh! que les hommes sont donc zum, zum, zum, zum, zum!

Oh! mais là-bas quel ravissant massif de lilas! Ah! volons-y, m'y voilà! j'y entre. Oh! comme on y est fraîchement et à son aise! Allons, bon! voilà au bas de l'arbre un homme couché. Que fait-il à regarder en l'air et à se frotter le front! C'est un poète qui est en train de chanter le printemps; oh! ces poètes du printemps, voilà encore une autre espèce de hannetons.

Comme si l'on chantait le printemps dans les bras du printemps, l'amante dans les bras de l'amante.

Non; qui chante? c'est le désir; quel est le

véritable sujet de la chanson? c'est l'absence.

La possession est muette, le bonheur est silencieux.

Oh! pauvre hanneton à deux pieds et sans ailes, qui viens copier pour un almanach les beautés de la nature; ne sais-tu donc pas qu'il y a quelque trois mille ans que les hommes savent par cœur tes *amours* et tes *toujours*, tes *rois* et tes *bois*, tes *fleurs* et tes *couleurs*? Mais tu nous réponds : — « C'est vrai, les hommes savent tout et beaucoup d'autres choses encore, mais les hommes aiment les plats réchauffés. » Tu as raison, poëte, mais il faut que les hommes soient bien zum, zum, zum, zum, zum!

Mais, grand Dieu! quel arbre magnifique y a-t-il donc là-bas? il porte des couronnes au lieu de fleurs, des écussons au lieu de fruits; allons voir un peu ce que c'est. M'y voilà : de près, les branches sont pétrifiées, les fleurs sont de cuivre, les fruits sont d'airain.

C'est un arbre généalogique.

J'aimerais mieux un prunier... moi.

Mais qu'y a-t-il donc au pied de cet arbre factice? Des hommes couchés; ils regardent à travers les branches; mais les branches sont si épaisses, si entrelacées, qu'ils ne peuvent voir le ciel ; et cependant ils embrassent cet arbre à l'écorce rude et sèche comme si les autres arbres de la création n'avaient aucune valeur ; et ils l'exaltent, comme si le bon Dieu avait partagé les hommes en végétaux, et avait fait des jardins anglais rien que pour les arbres généalogiques, et des jardins légumiers pour le reste de la pauvre espèce humaine qui, ne pouvant pas justifier de ses trente-deux quartiers, est reléguée au rang du persil et du cerfeuil, et bonne tout au plus à donner du goût à la soupe des grands seigneurs. Oh! mon Dieu, mon Dieu! que les hommes sont donc zum, zum, zum, zum, zum!

Là-bas, au contraire, il y a un arbre aux branches flexibles, élégantes et ombreuses, quoique mélancoliques ; c'est un saule pleureur, au pied duquel s'élève une tombe. Un homme est enfermé dans cette tombe ; un homme dont le nom est sorti de cette obscurité générale qui plane sur le commun des hommes, et dans laquelle chacun prétend allumer une chandelle plus brillante que celle de son voisin. Ceux qui y brûlent de l'huile jettent la pierre à ceux qui brûlent du suif, et ceux qui s'éclairent au gaz à ceux qui brûlent de l'huile.

Oh! les hommes! les hommes!

Pauvres hommes! voyez donc comme nous sommes heureux, nous autres hannetons; et cependant, vous êtes en réalité les privilégiés du Seigneur. La vie et le bonheur jaillissent sous vos pas de tous les coins de la création. Allons, ralliez-vous donc au lieu de vous séparer; aimez-vous au lieu de vous haïr; donnez-vous la main, dansez en rond autour de la vie; chantez le *Gloria in excelsis* aux pieds du Seigneur, et si vous ne savez pas chanter, faites comme nous, bourdonnez : zum, zum, zum, zum, zum !..... »

L'HOMME & LES ANNÉES DE LA VIE

Quand le Créateur sublime vit que sa création était faite et bien faite, il appela devant son trône les hommes, ainsi que toutes les autres créatures, afin de leur désigner, à chacun, sa manière de vivre et le nombre d'années qu'il aurait à passer sur la terre.

Et l'homme fut appelé le premier, et l'Éternel lui dit d'une voix douce et bienveillante :

— Toi, l'homme, tu es le roi de la création. J'accorde, en conséquence, à toi seul ma ressemblance, et le front sublime levé au ciel; tu penseras et tu parleras, et, grâce à la pensée et à la parole que tu possèderas seul, tout être vivant sera ton inférieur et ton sujet, les animaux des forêts comme ceux des champs, les oiseaux de proie comme les oiseaux du bocage, les poissons de l'eau comme les vers de la terre ; tu règneras donc sur la création, et les plantes, les fleurs, l'arbre et ses fruits seront ta propriété.

Le nombre des années de ta vie, et par conséquent de ton règne, sera de trente.

Et l'homme se retira triste et grommelant.

— Si je suis le roi de la création, dit-il, si je goûte le charme et le bonheur d'une existence royale, à quoi me servira alors ce court espace de trente ans qui m'est accordé ?

Ainsi grommela l'homme, en enviant les animaux à quelques-uns desquels le Créateur donnait une plus longue existence.

Arriva le tour de l'âne, et le Créateur lui dit :

— Toi, l'âne, tu souffriras toutes sortes de maux et de peines ; tes reins plieront sous les fardeaux, tes jambes frémiront sous les coups ; tu n'auras de repos ni le jour ni la nuit ; ta nourriture se composera de ronces, de chardons et d'épines, et le nombre de tes années sur la terre sera de cinquante.

A ces paroles, le pauvre animal tomba sur les genoux, et dit :

— Créateur miséricordieux ! si je dois supporter une vie si misérable, si je ne dois me nourrir que de ronces, de chardons et d'épines, si la seule récompense que je doive attendre de mes labeurs incessants est dans les coups que l'on me donnera, que voulez-vous que je fasse de cinquante ans d'existence ?

Mon Dieu ! mon Dieu ! c'est au moins vingt ans de trop ; ôtez-moi donc ces vingt années.

Et l'homme, avide de la vie, s'élança en criant :

— O grand Dieu ! donne-moi, je t'en supplie, les vingt ans que l'âne te demande de lui ôter.

Et le clément Créateur sourit, et accorda à l'homme les vingt ans qu'il lui demandait.

Le tour du chien arriva.

L'Éternel lui dit :

— Toi, chien, tu garderas la maison, et tu seras enchaîné sur le trésor de ton maître ; ta responsabilité te rendra si inquiet que tu ne te fieras pas même à la lune, et que tu aboieras contre chaque ombre et même contre la tienne; tu mangeras des os, on te battra, on t'appellera chien, comme si ton nom, qui représentera la fidélité et le dévoûment, était une injure, et pour dernière injustice, ton cou sera marqué du sceau de l'esclavage.

Quant au nombre des années que tu auras à vivre, je le fixe à quarante.

Et le pauvre animal se jeta à genoux et pria :

— Créateur miséricordieux! dit-il, dois-je donc supporter une vie si misérable? ne ferai-je donc rien en ce monde que de garder les trésors des hommes? passerai-je mes jours et mes nuits dans une défiance perpétuelle? aboierai-je contre tout, et même contre la lune, et devrai-je, pour unique récompense, manger des os et être battu? Alors, sublime Créateur, ôte-moi au moins vingt années de ma vie; et alors, autant tu es grand, autant tu seras miséricordieux.

Et l'homme, avide de vie, l'homme s'élança en avant, en s'écriant :

— O grand Dieu! donne-moi les vingt ans que le chien te prie de lui ôter.

Et le clément Créateur sourit, et lui accorda sa prière.

Le tour du singe arriva. Le singe venait le dernier ; l'homme avait ouvert la marche, le singe la fermait.

L'Eternel lui dit :

— Toi, singe, tu n'auras que la ressemblance de l'homme, sans en avoir ni la pensée, ni la parole ; aussi tu seras timide et enfantin, et ton dos sera courbé vers la terre, et tu seras le jouet des enfants et la distraction des hommes.

Le nombre de tes années sur la terre sera de soixante.

Alors le pauvre animal se jeta à genoux et pria.

— Créateur miséricordieux ! dit-il, si je ne dois avoir que l'aspect de l'homme, si je dois rester enfantin et timide, si je dois être le jouet des enfants et la distraction des hommes ; oh ! alors, je t'en supplie, Dieu tout-puissant, ôte-moi au moins la moitié des années que tu me destines.

Et l'homme, avide de la vie, s'élança une troisième fois aux genoux du Créateur, en s'écriant :

— Grand Dieu ! donne-moi, à moi, les trente ans que le singe te prie de lui ôter.

Et le clément Créateur sourit, et lui accorda sa prière.

Et quand toutes les créatures s'en furent allées pour vivre dans la vie que le Seigneur leur avait faite, l'homme, qui était resté le dernier pour obtenir ce surcroît de soixante-dix ans, descendit sur la terre à son tour.

Alors, il vécut ses trente ans d'homme, comme le roi de la création, et dans une joyeuse jeunesse.

Mais quand les années de trente à cinquante arrivèrent, l'homme dut alors ramasser durement, et à la sueur de son corps, *son besoin* de chaque jour.

C'étaient *les années de l'âne* qu'il avait demandées, et dont l'âne n'avait pas voulu.

Et quand, de trente à cinquante, c'est-à-dire pendant les années de la vie de l'âne, il a amassé quelque chose, alors il se couche sur son trésor, se défie de tous et de tout ; chaque ombre lui est suspecte, et à peine se donne-t-il le loisir de ronger quelques os.

Ce sont là, de cinquante à soixante-dix, les

années que l'homme a enviées au *chien*, et que le Seigneur lui a accordées.

Et si enfin il passe la soixante-dixième année de sa vie, le vieillard perd la raison, son dos se voûte, il devient timide et enfantin, et s'offre comme un jouet aux enfants et aux sots.

Ce sont là *ses années de singe.*

TABLETTES D'UN MISANTHROPE

Si je me mettais à faire des comparaisons sur la femme, il me faudrait, pour arriver à la fin de ces comparaisons, vivre l'âge des patriarches.

D'abord, je dirai de la femme que c'est l'édition de luxe de l'humanité, tirée par la nature sur papier vélin ; que cette édition va bien dans une bibliothèque à glace, derrière des rideaux de soie et de velours, mais qu'elle est trop finement reliée pour qu'un homme sage l'emballe dans sa malle pendant le long voyage de la vie.

J'appelle le cœur des femmes un Eldorado, où l'on croit, lorsqu'on y entre, que toutes les pierres sont des diamants; mais on sait, lorsque l'on en sort, que ces diamants ne sont que des cailloux.

*
* *

Je compare le cœur des femmes à ces boîtes à surprises qu'on achète aux marchands de joujoux, et desquelles s'échappent, aussitôt qu'on les ouvre, des diables de toutes les espèces et de toutes les formes.

*
* *

J'appelle la fausseté, un sixième sens que la nature a donné aux femmes.

*
* *

J'appelle la mode, le ver solitaire des coquettes.

*
* *

J'appelle les attaques de nerfs, une armée qu'elles tiennent permanente et tout équipée, même en temps de paix.

*
* *

J'appelle leurs migraines, des soldats congédiés qu'elles rappellent en temps de guerre.

*
* *

J'appelle leurs larmes et leurs évanouissements, une garde mobile qu'elles font marcher quand la patrie est en danger.

*
* *

Je compare leurs sourires à ces tourbillons que fait l'eau en s'engouffrant dans un abîme.

*
* *

Je compare leur regard à une lettre de cachet qui met pour un temps plus ou moins long un pauvre cœur aux fers de leurs caprices; plus le cœur est innocent, plus longtemps il reste enchaîné.

*
* *

Je compare enfin leurs serrements de main à des avant-gardes qui trinquent et qui boivent avec des avant-gardes ennemies, tandis que le général songe, sous sa tente, à faire quelque sortie d'autant plus meurtrière qu'elle sera plus inattendue.

*
* *

Quelques hommes ont entrepris des voyages à la découverte de la femme fidèle. Ces aventuriers, comme les navigateurs qui ont tenté le passage du pôle nord, ou n'ont point trouvé le passage qu'ils cherchaient, ou se sont perdus en le cherchant.

*
* *

La fidélité des femmes a été, pour tous ceux qui ont cru l'avoir rencontrée, ce qu'est le dos d'une baleine aux matelots perdus dans quelque chaloupe au milieu de l'Océan. Ils prennent la surface flottante pour une île ; ils y abordent, il l'exploitent, mais dès qu'ils y allument du feu, l'île s'enfonce et les engloutit.

*
* *

Une femme muette peut-elle contredire son mari ? Oui, en devenant sourde, car elle ne l'écoute pas.

*
* *

Le mot politique commence par un *p*, parce que cette lettre, pareille aux hommes politiques, sait adopter toutes les positions ; en la tournant de droite à gauche, elle devient un *q* ; en la plaçant debout, elle devient un *d*, en la retournant de gauche à droite, elle se transforme en *b*.

*
* *

Combattre les caprices d'une femme par le raisonnement est aussi stupide que de moucher une chandelle avec ses doigts; on est obligé de recommencer à chaque instant; à la fin, la chandelle s'éteint tout de même, et tant qu'a duré l'opération on s'est brûlé.

*
* *

La potence est un compliment que les rois font à leurs peuples; on pend de temps en temps un homme pour faire croire aux autres hommes qu'ils sont d'honnêtes gens, puisqu'on ne les pend pas.

*
* *

Dieu, dans sa divine prévoyance, n'a pas donné de barbe aux femmes, parce qu'elles n'auraient pas su se taire pendant qu'on les eût rasées.

*
* *

Un mari est toujours un homme d'esprit ; il n'a jamais l'idée de se marier.

*
* *

Quelle vue fait le plus de plaisir aux femmes, l'aspect d'un bel homme ou celui d'une femme laide ?

*
* *

Rougir est chez les jeunes filles tantôt la carte de visite, tantôt la lettre mortuaire de l'innocence.

Annuaire d'une Chanteuse.

15 ans. — Elle chante gentiment, écoute les conseils ; on dit d'elle : Voyez donc comme elle est douce et modeste !

16 ans. — Elle commence à faire des façons, elle se croit belle, elle est aimable.

17 ans. — Les admirateurs commencent à apparaître ; on lui souhaite sa fête, elle rougit encore quand on lui fait des compliments.

18 ans. — Elle devient coquette, elle fait des cadeaux aux critiques, elle s'enrhume, elle se plaint des directeurs qui la font trop chanter.

19 ans. — Elle manque ses répétitions.

20 ans. — Elle voyage pendant un mois.

21 ans. — Elle parle perpétuellement de son tuteur, elle intrigue contre ses camarades, elle se fait applaudir et les fait siffler.

22 ans. — Elle est au pair.

23 ans. — Elle devient tendre et a même ses jours de mélancolie.

24 ans. — Elle donne dans les roulades, et parle d'un ambassadeur qui veut l'épouser.

25 ans. — Elle donne à dîner, mais ne mange que quelques mies de pain et ne boit que de l'eau.

26 ans. — Elle se plaint des directeurs qui ne la font point chanter assez.

27 ans. — Elle a un procès et annonce que, pour le suivre, elle est forcée de se faire émanciper.

28 ans. — Elle commence à s'avouer à elle-même que les années augmentent et que les applaudissements diminuent.

29 ans. — Elle plaisante sur ses vingt-un ans qu'elle aura le mois prochain.

30 ans. — Elle reçoit des visites au lit dans une alcôve de satin rose.

31 ans. — Elle devient gourmande.

32 ans. — Les journaux, la critique et les applaudissements commencent à ne plus se faire entendre qu'à de longs intervalles.

33 ans. — Ils se taisent.

34 ans. — Le rideau tombe.

35 ans. — La pièce est finie.

L'HOMME-FEMME

Les femmes ont des caprices, répète-t-on en vingt langues différentes, mais sur le même air, d'un bout du monde à l'autre.

Si l'antiquité d'une accusation suffit à constituer le délit, aucun délit n'est plus avéré que celui-là.

— Ève serait une charmante femme si elle n'avait point de caprices, disait dans le paradis terrestre le premier homme en parlant de la première femme.

Hé ! Messieurs, n'avez-vous point de caprices, vous ?

Hélas ! si.

Seulement vos caprices, à vous, comparés à ceux des femmes, sont ce qu'est l'ouragan au zéphir, le bruit du tonnerre au roulement du tambour.

Mais, comme vous avez usurpé le sceptre, comme votre dire fait loi, vous avez dit : Les femmes sont capricieuses, et il a été décidé que nous l'étions.

C'est en vertu du même privilége que vous entachez du nom de coquette toute femme qui se sert de ses yeux pour parler plusieurs langues à la fois, comme si les yeux, les paupières et les sourcils n'étaient pas aussi bien faits pour parler, que la langue, les lèvres et la bouche.

Mais songez-y donc, Monsieur, quand les femmes sont coquettes, elles ont un prétexte, au moins.

Elles se disent :

La nature nous a donné la beauté pour fixer le regard, la grâce pour attacher à nous, le charme pour remplacer la force ; eh bien ! servons-nous de ce que la nature nous a donné, et puisque l'emploi de ces trois moyens constitue la coquetterie, soyons coquettes.

Mais que dire des *hommes coquets?* et Dieu sait combien il y en a dans ce monde !

Je vais essayer de vous faire, moi coquette féminine, la biographie d'une coquette masculine.

D'abord, la coquette masculine n'a pas de sexe.

Il ou *elle* se lève à neuf heures du matin, je me trompe, elle ne se lève pas, elle ouvre languissamment les yeux, et crie, d'une voix faible, *Jean!* (ayant grand soin de prononcer *Zan*).

Si au bout de trois fois, Jean n'a pas entendu, elle sort avec précaution sa main gantée du lit (la coquette masculine couche avec des gants, ni plus ni moins que Henry de Valois), et tire le cordon d'une sonnette.

Jean arrive.

— Zan, quel temps fait-il ?

Jean dit le temps qu'il fait, tout en tirant le rideau et en donnant du jour à l'appartement.

Selon le temps, elle arrête l'emploi de sa journée et la toilette qu'elle portera.

Jean sort pour aller chercher du chocolat.

Pendant ce temps, elle se lève, passe un pantalon à pied, chausse des pantoufles roses, enlève son foulard, s'approche de sa glace, se regarde en souriant, et tout en souriant murmure :

— Dieu ! comme j'ai mauvaise mine ce matin ; maudite baronne, va !

Jean rentre avec le chocolat.

Elle y trempe ses lèvres, se plaint de son estomac, et peu à peu, se reprenant, comme un oiseau qui boit, elle finit, gorgée par gorgée, par avaler toute la tasse.

— Maintenant, Zan, coiffez-moi, dit-elle.

Jean tire l'une après l'autre les papillottes, couche les cheveux de gauche à droite ou de droite à gauche, en les ondulant avec le peigne ou avec le fer, si besoin est, tandis qu'elle lime ses ongle, brosse ses bagues, éclaircit son lorgnon, monte sa montre, bref, établit toutes ses batteries pour le combat du jour.

Ces préparatifs terminés, elle passe une chemise du matin à poitrine plate brodée à jour et sans plis, s'enveloppe d'une robe de chambre de cachemire doublée de satin, jette une écharpe de soie autour de son cou, allume un cigare de

Manille, ouvre sa fenêtre et se montre au peuple dans son délicieux déshabillé du matin.

Le peuple peut la contempler jusqu'à onze heures.

Onze heures, c'est l'heure grave ; on referme la fenêtre, on rentre. Jean va relier décidément en homme notre coquette masculine, qui jusque-là a tenu des deux sexes.

Il faut d'abord, et avant tout, rétablir la coiffure, que le vent du matin a dérangée.

Puis on discute la couleur du pantalon ; il n'y a qu'une coquette masculine qui connaisse la valeur et surtout l'opportunité d'une nuance plus ou moins foncée.

Le pantalon choisi, commence le travail des bottes.

Il s'agit tout simplement de faire entrer le pied dans des bottes plus petites que le pied.

Cela paraît impossible, comme calcul mathématique ; cependant, avec de la patience, on y arrive.

Les bottes mises, elle laisse au pied le temps de s'engourdir, puis elle passe son pantalon, puis elle demande sa cravate.

Jean apporte des cravates de toutes couleurs.

La cravate se discute comme un projet de loi en conseil.

La cravate choisie, vient la question du nœud.

O nœud gordien, nœud que trancha l'épée d'Alexandre, que tu étais pauvrement fait près du nœud d'une cravate moderne!

C'est qu'aussi c'est dans le nœud de la cravate que se révèle le génie de la coquette masculine.

On ne saurait, sans être taxé de pauvreté dans l'imagination, porter deux fois de suite le même nœud.

Il faut chaque matin une création nouvelle.

Le besoin se fait sentir, pour le nœud de la cravate, d'une ère architectonique inconnue.

Vers midi, le nœud est trouvé, la cravate est mise.

Il ne manque que le gilet, c'est-à-dire le trait d'union entre le pantalon et la cravate.

Pour faire un nœud de cravate, il ne faut que du talent; pour choisir un gilet, il faut du génie.

Le génie de la couleur d'abord.

Jean apporte gilets sur gilets, jamais celui qui convient; comme le balai enchanté de Goëthe, qui apporte des sceaux d'eau et des sceaux d'eau, Jean apporte des gilets, des gilets, et des gilets encore.

Enfin, Jean a apporté le gilet, non pas satisfaisant, mais convenable; un sourire de béatitude voltige sur les lèvres de notre coquette; elle demande sa redingote, met ses bagues, ajuste ses chaînes, renouvelle à l'endroit de ses gants le travail de ses bottes, prend des mains de Jean un mouchoir parfumé, et s'élance dans la rue.

Son coupé l'attend à la porte.

Elle n'a pas même besoin de dire au cocher où elle va; le cocher sait qu'elle déjeune chez Tortoni.

Le garçon lui a gardé sa place près d'une fenêtre ouverte.

C'est par cette fenêtre, comme par la meurtrière d'une ville assiégée, qu'elle ouvrira son feu et lancera ses œillades.

Pas une des femmes qui passeront ne rentrera chez elle saine et sauve; celles qui n'en mourront pas, seront au moins grièvement blessées.

A deux heures, le groom est devant la porte, à cheval, et tenant un cheval en bride.

De deux à quatre heures, la coquette masculine à l'habitude d'aller au Bois.

Pauvre cheval, combien de temps il a fallu pour lui apprendre à marcher sans avancer, à galoper sous lui, à ne procéder que par sauts et par bonds ; mais comme il sert la coquetterie de son maître ou plutôt de sa maîtresse ! comme il lui permet de déployer toutes ses grâces en équitation !

Que de cœurs blessés, pendant cette promenade de deux heures, vont porter huit jours au moins le deuil de leur indifférence !

A quatre heures juste elle rentre chez elle, souriante, satisfaite, enchantée.

Après la promenade à cheval au Bois, vient la promenade à pied aux Tuileries.

Après la toilette du matin, la toilette de quatre heures.

La coquette masculine appelle Zan.

Jean arrive.

Il faut changer de tout, depuis les bottes jusqu'au chapeau.

Il faut trouver un autre pantalon, un autre gilet, une autre cravate ; heureusement, Jean a eu trois heures devant lui.

Son imagination a travaillé pendant ce temps-là.

Il a taillé de la besogne au génie de sa maîtresse, comme les naturalistes de la province et de l'étranger taillaient de la besogne à M. de Buffon. Notre coquette n'a plus qu'à passer ses manchettes de dentelle, et à écrire sur les genoux de la nature.

Cette seconde toilette faite, le coupé est à la porte.

— Cossé, aux Tuileries!

La coquette a l'habitude de prononcer *cossé* au lieu de cocher, comme elle prononce *Zan* au lieu de Jean.

En cinq minutes on est aux Tuileries.

Ah ! c'est là que la véritable guerre commence.

Au Bois, c'est l'escarmouche.

Dans les allées étroites et pressées des Tuileries, c'est la charge à la baïonnette.

Là, au moins, on peut voir de près sa charmante taille, étudier le nœud de sa cravate, admirer chaque fois qu'elle lève son chapeau, et notre coquette relève souvent l'ondulation savante de sa chevelure.

Une femme se lève en le regardant et s'éloigne, il la suit.

Une jeune fille passe au bras de sa mère et sourit, il la suit.

Une troisième fait un geste de connaissance à une amie ; c'est pour lui bien certainement ce geste, il la suit.

A six heures il rentre haletant dans la grande allée, fait encore un tour ou deux, donne rendez-vous à l'un de ses amis à sept heures au Café de Paris, à l'autre à neuf heures à l'Opéra, à un troisième à minuit au Café Anglais.

Au Café de Paris, comme chez Tortoni, elle a sa place près de la fenêtre ; à l'Opéra, elle a sa stalle au quatrième rang de l'orchestre ; au Café Anglais, elle a son cabinet retenu.

A deux heures du matin, notre coquette rentre ; elle a lorgné trois cents femmes, compromis cinq danseuses et soupé avec une lorette du quartier Breda ou un rat du théâtre Lepeletier.

— Zan, dit-elle en rentrant, déshabillez-moi, je suis brisé de fatigue.

Jean la déshabille, la coiffe, la lave, la parfume et l'aide à se mettre au lit, où elle s'étend en murmurant :

— Ah ! Zan, que les femmes sont coquettes !

L'HOMME D'EXPÉRIENCE

Vous a-t-on dix fois, vingt fois, cent fois, mis la rage dans l'âme, quand votre instinct de poète, de philanthrope, de chrétien, vous éloignait d'un homme grand, sec, jaune, aux lèvres pâles, aux yeux cachés sous des lunettes, à la perruque plate, à la cravate blanche, à l'habit noir, à la parole de glace, à la démarche guindée? Vous a-t-on mis la rage dans l'âme en vous disant ces paroles sacramentelles stéréotypées sur les lèvres des sots :

— Vous avez tort de ne pas estimer M. *** à sa valeur. C'est un homme d'expérience.

Oui, mon Dieu, oui, — cent fois oui, — oui, oui, oui, je suis de votre avis. Oui, c'est un homme d'expérience, et voilà pourquoi je fuis M. ***.

Tout ce qu'il fait, il le fait par expérience; tout ce qu'il ne fait pas, il ne le fait pas par expérience.

Il ne vit que par suite de son expérience.

Le jour où il mourra, c'est qu'il aura l'expérience qu'il doit mourir.

Un pauvre petit Savoyard, à moitié nu, transi de froid, la tête découverte, les pieds dans la neige, court après lui pour lui demander un sou. L'expérience lui a dit qu'on rend les enfants paresseux en leur faisant l'aumône. Et l'homme d'expérience ne lui donne rien.

On vient chez lui pour l'engager à souscrire à une œuvre de conscience et d'études, pendant la publication de laquelle le pauvre homme de génie qui l'a entreprise a besoin de faire ses frais, sans quoi l'œuvre interrompue au tiers de son cours ne pourra continuer de paraître. L'expérience a prouvé à M. *** qu'il ne faut jamais s'engager à une publication quelle qu'elle soit.

A chaque premier janvier, ses domestiques viennent lui souhaiter la bonne année. Les pauvres diables, qui ont des gages fort mesquins, espèrent un cadeau. L'expérience a prouvé à leur maître qu'il faut payer ses domestiques, mais qu'il ne faut jamais leur faire de cadeau.

Un ami de vingt ans lui demande cent écus à emprunter; son expérience lui apprend que les affaires d'argent sont mortelles à l'amitié.

En conséquence, il refuse.

On l'invite à être parrain d'un enfant; son expérience lui dit que les filleuls coûtent parfois très-cher, et il n'accepte pas.

Son frère lui demande conseil pour son mariage; il sait par expérience qu'il y a deux choses sur lesquelles il est imprudent de donner un conseil : le mariage et le suicide.

Il renvoie son frère plus irrésolu que jamais.

S'il va au café, il met deux morceaux de sucre dans sa tasse et trois dans sa poche; son expérience lui a appris que les petits ruisseaux font les grosses rivières.

Si quelque grand seigneur se met à la tête de quelque œuvre de charité, il s'en exclut, car il a l'expérience qu'il ne faut pas fréquenter plus grand que soi.

Lorsqu'au jour du jugement dernier tout être ayant vécu se lèvera pour le dernier jugement, lui seul demeurera immobile au fond de son tombeau, — car il aura l'expérience qu'on est mieux couché que debout.

Bref, M. *** est un fat sans esprit, un imbécille sans charité, un égoïste sans cœur, un maître dur, un mari tyrannique, un père sombre, — mais c'est un homme d'expérience.

Que Dieu préserve tout bon chrétien et même tout mauvais chrétien, — et particulièrement vous, cher lecteur, et vous, belle lectrice, et moi après vous, — des *hommes d'expérience!*

CONSEILS D'UN FOU

A SES AMIS LES GENS SÉRIEUX

A PROPOS DU MARDI-GRAS.

Les fous, mes bons amis, ne sont pas déjà si fous d'être fous; je dirai même plus, ils seraient fous de ne pas être fous. Moi-même j'ai avalé tant de folie dans ma jeunesse et même dans mon âge mûr, que j'en connais le goût, et, je dois l'avouer à la honte de la sagesse, la folie est bien moins indigeste que la gravité.

Quand un fou est assez heureux pour que l'on reconnaisse ses mérites, et l'on reconnaît toujours les mérites d'un véritable fou, alors on lui bâtit une maison exprès, et où diable, je vous le demande, messieurs les sages, où diable avez-vous vu que l'on bâtit une maison pour les gens graves et sérieux?

Il y avait même autrefois des fous de cour qu'on appelait les fous du roi. Avez-vous jamais vu un *grave de cour*, un *sage du roi?* Il est vrai qu'il y a en Allemagne des conseillers auliques, mais ces gens-là ne sont graves et sages qu'en public, sans être, en particulier, je vous jure, aussi amusants que Triboulet ou l'Angely.

La pierre philosophale a rendu beaucoup de gens fous, tandis que la pierre de folie, *lapis stultorum*, guérit toutes sortes de douleurs. Hélas! combien faut-il qu'un homme soit sérieux avant d'être reconnu pour un homme sérieux, tandis qu'un fou n'a qu'une folie à faire pour être regardé comme un fou.

O mes amis! soyons donc fous tant que nous aurons l'esprit de l'être, car il viendra un jour où nous voudrions bien être fous encore, mais où le temps des folies sera passé. Comme les fous sont heureux! Leur bonnet garni de grelots sonores leur plaît avec son galon de laine ou d'argent.

Tandis que les sages ne sont jamais satisfaits du leur; le docteur veut avoir le bonnet fourré du professeur, le chanoine veut avoir la mitre de l'archevêque, l'archevêque veut avoir la calotte du cardinal, le cardinal la tiare du pape.

O mes amis! mes amis! que d'avantages n'a pas le fou. Voyez un homme sérieux, trouve-t-il souvent une femme qui consente à être une femme sérieuse? tandis qu'un fou... Eh! mes amis! toutes les femmes ne demandent pas mieux que d'être folles. Soyons donc fous, du moins pendant le seul jour de l'année où les plus sages ont l'esprit de nous laisser être fous.

LE PAPILLON

Un papillon avait réuni sur ses ailes d'opale la plus suave harmonie des couleurs, — le blanc, le rose et le bleu. — Comme un rayon de soleil, il voltigeait de fleurs en fleurs, et, pareil lui-même à une fleur volante, il s'élevait, s'abaissait, se jouait au dessus de la verte prairie.

Un enfant qui essayait ses premiers pas sur le gazon diapré, le vit et se sentit pris tout à coup du désir d'attraper l'insecte aux vives couleurs.

Mais le papillon était habitué à ces sortes de

désirs-là. — Il avait vu des générations entières s'épuiser à le poursuivre. Il voltigea devant l'enfant, se posant à deux pas de lui; et quand l'enfant, ralentissant sa course, retenant son haleine, étendait, l'œil ardent de désir, la main pour le prendre, le papillon s'enleva et recommença son vol inégal et éblouissant.

L'enfant ne se lassait pas; l'enfant suivait toujours.

Après chaque tentative avortée, au lieu de s'éteindre, le désir de la possession s'augmentait dans son cœur, et d'un pas de plus en plus rapide, il courait après le beau papillon.

Le pauvre enfant avait couru sans regarder derrière lui, de sorte qu'ayant couru longtemps, il était déjà bien loin de sa mère.

De la vallée fraîche et fleurie, le papillon passa dans une plaine aride et semée de ronces.

L'enfant le suivit dans cette plaine.

Et quoique la distance fût déjà longue et la course rapide, l'enfant ne sentant point sa fatigue, suivait toujours le papillon, qui se posait de dix pas en dix pas, tantôt sur une rose, tantôt sur un lis, tantôt sur une simple fleur sauvage et sans nom, et qui toujours s'envolait au moment où le jeune homme croyait le tenir.

Car, en le poursuivant, l'enfant était devenu jeune homme.

Et avec cet insurmontable désir de la jeunesse, et avec cet indéfinissable besoin de la possession, il poursuivait toujours le brillant mirage.

Et de temps en temps le papillon s'arrêtait comme pour se moquer du jeune homme, trempait voluptueusement sa trompe dans le calice des fleurs, et battait amoureusement des ailes. Mais au moment où le jeune homme s'approchait, haletant d'espérance, le papillon se laissait aller à la brise, et la brise l'emportait léger comme un parfum.

Et ainsi se passaient, dans cette poursuite insensée, les minutes et les minutes, les heures et les heures, les jours et les jours, les années et les années, et l'insecte et l'homme étaient arrivés au sommet d'une montagne qui n'était autre que le point culminant de la vie.

En poursuivant le papillon, l'adolescent s'était fait homme.

Là, l'homme s'arrêta un instant, ne sachant pas s'il ne serait pas mieux pour lui de revenir en arrière, tant ce versant de montagne qui lui restait à descendre lui paraissait aride.

Puis au bas de la montagne, au contraire de l'autre côté, où dans de charmants parterres, dans de riches enclos, dans des parcs verdoyants poussaient des fleurs parfumées, des plantes rares, des arbres chargés de fruits, — au bas de la montagne, disons-nous, s'étendait un grand espace carré fermé de murs, dans lequel on entrait par une porte incessamment ouverte, et où il ne poussait que des pierres, les unes couchées, les autres debout.

Mais le papillon vint voltiger plus brillant que jamais aux yeux de l'homme, et prit sa direction vers l'enclos, suivant la pente de la montagne.

Et, chose étrange, quoiqu'une si longue course eût dû fatiguer le vieillard, car à ses cheveux blanchissants on pouvait reconnaître pour tel l'insensé coureur, sa marche, à mesure qu'il avançait, devenait plus rapide, ce qui ne pouvait s'expliquer que par la déclivité de la montagne.

Et le papillon se tenait à égale distance. Seulement, comme les fleurs avaient disparu, l'insecte se posait sur des chardons piquants ou sur des branches d'arbres desséchés.

Le vieillard, haletant, le poursuivait toujours. Enfin le papillon passa par dessus les murs du triste enclos, et le vieillard le suivit, entrant par la porte.

Mais à peine eut-il fait quelques pas que, regardant le papillon, qui semblait se fondre dans l'atmosphère grisâtre, il heurta une pierre et tomba.

Trois fois il essaya de se relever et retomba trois fois, et, ne pouvant plus courir après sa chimère, il se contenta de lui tendre les bras.

Alors le papillon sembla avoir pitié de lui, et quoiqu'il eût perdu ses plus vives couleurs, il vint voltiger au-dessus de sa tête.

Peut-être n'étaient-ce point les ailes de l'insecte qui avaient perdu leurs vives couleurs, mais les yeux du vieillard qui s'affaiblissaient.

Les cercles décrits par le papillon devinrent de plus en plus étroits, et il finit par se reposer sur le front pâle du mourant.

Par un dernier effort, celui-ci leva le bras, et sa main toucha enfin le bout des ailes de ce papillon, objet de tant de désirs et de tant de fatigues ; mais ô désillusion ! il s'aperçut que c'était, non pas un papillon, mais un rayon de soleil qu'il avait poursuivi.

Et son bras retomba froid et sans force, et son dernier soupir fit tressaillir l'atmosphère qui pesait sur ce champ de mort.

*
* *

Et cependant, poursuis, ô mon cœur, poursuis ton désir effréné de l'idéal ; cherche à travers des douleurs infinies à atteindre ce fantôme aux mille couleurs qui fuit incessamment devant toi ; pût ton cœur se briser, dût ta vie s'éteindre, dût ton dernier soupir s'en aller au moment où ta main le touchera !

LES ÉTOILES COMMIS-VOYAGEURS

Comment le Manuscrit de M. ***, poète et journaliste viennois, est tombé entre mes mains.

Il y avait une fois un roi poète.

Seulement, comme on ne peut pas tout avoir, couronne de diamants et auréole d'or, ce roi était si mauvais poète, que lorsqu'il y avait des émeutes dans ses États, ce qui arrivait quelquefois, et ce qui enfin arriva si souvent qu'il finit par abdiquer en faveur de son fils, — quand il y avait, disons-nous, des émeutes dans ses États, après les trois sommations d'usage pour disperser les insurgés, le commissaire montait sur une tribune qu'on roulait derrière lui à cet effet, et selon que l'émeute était plus ou moins acharnée, lisait une ode, deux odes, ou trois odes,—et il était bien rare que, dès la moitié de la troisième ode, l'émeute, si intense qu'elle fût, ne se trouvât point dissipée comme par magie.

Je voyageais dans les États de ce poétique monarque, et je visitais tous les monuments curieux de sa capitale, et dans sa capitale et aux environs il y avait force monuments curieux; car, à tout prendre, ce roi était sinon un grand artiste, du moins un grand ami des artistes.

Or, les monuments, les palais, les musées, les pinacothèques visités, restaient les prisons. — J'aurais bien voulu ne pas visiter les prisons, pour l'étude desquelles je n'ai pas une profonde sympathie; mais j'avais un de ces cicéroni inflexibles qui ne vous font pas grâce d'une pierre. Je suivis mon cicérone dans la prison.

La prison de la capitale du roi poëte n'avait rien d'extraordinaire qui la distinguât des autres prisons, si ce n'est qu'elle n'avait pas de prisonniers.

Cependant elle en avait eu un, lequel devait y rester quinze jours, et n'y était resté que trois.

C'était un journaliste viennois.

Se trouvant de passage dans la capitale du roi poète, il avait fait une satire contre les pentamètres de Sa Majesté, et le chef de la police, qui avait appris quel était l'auteur de cette satire, l'avait fait arrêter, et, de son autorité privée, l'avait condamné à passer quinze jours en prison et à faire amende honorable dans le journal officiel de la ville.

Par bonheur, le roi apprit ce qui venait d'arriver. Il demanda sa voiture, et au grand étonnement du cocher, il dit au valet de pied qui en fermait la portière :

— A la prison.

Cinq minutes après, on annonçait au prisonnier Sa Majesté le roi de ***.

Le prisonnier n'eut que le temps de cacher dans le tiroir de la table sur laquelle il venait de l'écrire, une satire nouvelle qu'il achevait au moment même.

Seulement cette satire, au lieu d'attaquer un des rois de la terre, attaquait le roi de l'Olympe.

Le journaliste espérait que Jupiter serait moins susceptible que Sa Majesté le roi de ***.

Au reste, il s'était trompé sur cette susceptibilité, et il en eut la preuve quand le roi lui-même, entrant dans sa prison, le chapeau à la main, comme il convient de la part d'un auteur devant son critique, d'un accusé devant son juge, fit ses excuses au prisonnier ; et ne voulant pas qu'il demeurât une seconde de plus en prison, le fit monter dans sa voiture et l'emmena dîner au palais.

Il en résulta que le prisonnier n'eut pas le temps d'ouvrir son tiroir et d'en tirer sa satire.

La satire était donc restée dans le tiroir, où, le lendemain du départ de son prisonnier, le geôlier l'avait trouvée.

On avait avisé le roi de ce nouvel incident.

Le critique viennois avait quitté *** et était parti pour Vienne.

— Envoyez par une occasion sûre la satire à son auteur, avait dit le roi, et surtout prenez garde qu'*** ne tombe entre les mains du chef de ma police.

On n'avait pas encore trouvé d'occasion sûre.

— Allez-vous à Vienne, me demanda le geôlier en me faisant les honneurs de la prison et en me racontant l'anecdote qu'on vient de lire.

— J'y serai dans trois jours, répondis-je.

— Voulez-vous vous charger de remettre cette satire à M. ***, poète et journaliste?

— Avec le plus grand plaisir.

— Donnez-moi un reçu.

Je donnai d'une main au geôlier un reçu de la satire, de l'autre un thaler.

Le même soir, je partis pour Vienne.

Le surlendemain, je faisais ma visite à M. ***, poète et journaliste.

Le résultat de ma visite fut qu'en échange de son manuscrit, je lui donnai un manuscrit de moi.

Il y a six ans que mon article a paru dans son journal ; j'avais non pas oublié le sien, mais je croyais l'avoir perdu, quand hier soir, en fouillant dans mes vieux papiers, je vis une écriture étrangère et reconnus l'autographe qui m'avait été remis par le geôlier du roi de ***, et concédé à titre de libre échange par M. ***, poète et journaliste à Vienne.

VIEILLE, MERVEILLEUSE ET HONNÊTE HISTOIRE

Mise à neuf et communiquée au lecteur,

PAR UN PRISONNIER NOMMÉ ***,

POÈTE, JOURNALISTE ET AMUSEUR PUBLIC BREVETÉ, MAIS SANS GARANTIE DU GOUVERNEMENT.

Il y a eu un temps, temps bien éloigné du nôtre et dont tu ne te souviens certes pas, cher lecteur, où le ciel s'appelait l'Olympe, et où le dieu qui habitait cet Olympe s'appelait Zeus, Jupin ou Jupiter, trois noms qui, à peu de chose près, veulent dire la même chose.

Ce dieu eut un jour la bizarre idée de rendre les hommes heureux.

Vous allez voir, cher lecteur, comment il fut guéri de cette idée.

Et comme les autres dieux, ses successeurs, en furent guéris après lui.

Au reste, on ignore à quelle occasion cette

singulière idée lui était entrée dans la tête ; mais le fait est que, lorsqu'il en fit part à son conseil de régence composé de Neptune et de Pluton, ces deux divinités trouvèrent la prétention tellement saugrenue, qu'ils s'écrièrent :

— Oh ! la drôle d'idée, Sire ; sapristi, la drôle d'idée !

Mais, quand un dieu a une idée dans la tête, il faut qu'il mène cette idée-là à bonne ou à mauvaise fin, fût-ce l'idée grotesque de rendre les hommes heureux.

Restaient les moyens d'exécution.

Jupiter réfléchit un instant, puis, relevant tout à coup la tête :

— J'y suis, dit-il.

Et il appela à lui les sept Étoiles du Septentrion.

Les Étoiles obéirent et vinrent se réunir à ses pieds.

Les hommes, étonnés, regardaient le ciel.

Les astronomes, voyant ces sept météores qui traçaient un sillon lumineux dans l'azur du firmament, annoncèrent la fin du monde.

Voilà comme les savants se trompent sur les intentions divines.

Les Étoiles dirent :

— Nous voilà, Majesté resplendissante et terrible, que veux-tu de nous?

— Vous allez faire vos malles et voyager sur la terre, répondit le fils de Saturne et de Rhée ; vous recevrez tous les jours deux écus de Brabant pour vos frais de voyage.

— Et qu'allons-nous faire sur la terre? demandèrent les Étoiles.

— Je me suis mis dans la tête de rendre les hommes heureux, répondit Jupiter ; mais comme ils n'apprécieraient pas le bonheur, si je leur donnais le bonheur pour rien, j'exige que vous le leur vendiez.

Vous serez mes commis-voyageurs.

— Nous serons ce que tu nous ordonneras d'être, Majesté toute-puissante, dirent les Étoiles d'une voix si mélodieuse que les hommes levèrent les yeux vers le ciel, se doutant que du ciel seul pouvait leur venir un si doux concert ; — mais que vendrons-nous aux hommes ?

— Mettez-vous l'une à la suite de l'autre, et défilez devant moi.

Les Étoiles s'alignèrent, et se mirent en mouvement dans l'ordre qui leur avait été indiqué.

Jupiter dit à la première :

— Toi, tu vendras *l'esprit.*

Il dit à la seconde :

— Toi, tu vendras *la vertu.*

Il dit à la troisième :

— Toi, tu vendras *la santé.*

Il dit à la quatrième :

— Toi, tu vendras *la longévité.*

Il dit à la cinquième :

— Toi, tu vendras *l'honneur.*

Il dit à la sixième :

— Toi, tu vendras *le plaisir.*

Il dit à la septième :

— Toi, tu vendras *l'argent.*

Jugeant le désir des hommes d'après les vœux qu'ils lui adressaient, il crut que lorsque les hommes auraient l'esprit, la vertu, la santé, les longues années, l'honneur, le plaisir et l'argent, les hommes seraient heureux.

C'était croyable, en effet.

— Et maintenant, allez, dit-il aux Étoiles, et vendez aux hommes le plus que vous pourrez de votre divine marchandise.

Mais Neptune et Pluton ne furent aucunement convaincus, et se mirent à rire plus fort que jamais, en répétant :

— Oh! la drôle d'idée, Sire ; — sapristi, la drôle d'idée !

La Marchande d'Esprit.

Les sept Étoiles emballèrent leurs sept espèces de marchandises dans des caisses différentes, que leur fournit le magasinier du ciel, et, descendant sur la terre, commencèrent à faire l'article dès la première grande ville qu'elles trouvèrent sur leur chemin.

— Achetez de l'esprit! achetez de l'esprit! criait l'Étoile n° 1. Achetez-en : j'en ai du tout frais, du tout chaud. Achetez de l'esprit ! Qui veut de l'esprit, de l'esprit, de l'esprit ?

Un rire homérique accueillit la proposition.

— Morbleu! est-ce que cette drôlesse-là nous prend pour des imbéciles ? dirent les journalistes, les romanciers, les auteurs dramatiques, les directeurs de spectacles et les fermiers généraux.

— Une leste gaillarde, amoureusement tournée, par ma foi ! dirent les dandys en regardant la marchande d'esprit avec leurs lorgnons, leurs lorgnettes et leurs binocles, et en fouettant leurs bottes avec la cravache ou la badine qu'ils tenaient à leurs mains gantées beurre frais ; seulement, elle nous a l'air un peu bas-bleu. Quel dommage !

— Que vient faire ici cette bégueule ? dirent les femmes ; elle ferait bien mieux de nous apporter des soieries de Lyon, des dentelles de Valenciennes, des écharpes d'Alger, des coraux de Naples, de perles de Ceylan, des rubis de Visapour et des diamants de Golconde ; mais de l'esprit ! on l'a pour rien ; l'esprit court les rues. Elle sera obligée de manger son fonds, et encore elle mourra de faim.

Et la pauvre Étoile passait, sans avoir étrenné, d'une rue à l'autre, jusqu'à ce qu'enfin, trouvant une porte ouverte, elle entra sans savoir où elle entrait.

Elle entrait à l'Académie.

On recevait un néophyte.

Il venait d'achever son discours.

Le récipiendaire allait lui répondre.

— Achetez de l'esprit! achetez de l'esprit! cria l'Étoile.

Les auditeurs éclatèrent de rire. Le récipiendaire prit une prise de tabac à l'envers et éternua pendant une demi-heure.

Le président appela les huissiers, et leur dit :

— Chassez-moi cette sotte, et donnez bien son signalement aux concierges, afin qu'elle ne repasse jamais la porte de l'Académie.

Les huissiers chassèrent l'Étoile, et les portiers prirent son signalement.

L'Étoile s'en alla toute honteuse; mais, comme c'était une Étoile de bonne foi, elle voulut remplir en conscience la mission qui lui était confiée.

Elle suivit donc jusqu'à moitié à peu près un pont qu'elle trouva devant elle après avoir remonté le quai pendant une centaine de pas, et, voyant une place au milieu de laquelle s'élevait un buste et au bout de cette place une grande voûte où l'on entrait par une douzaine de degrés, que montaient et descendaient une foule de gens qui paraissaient fort affairés et très-peu spirituels, elle pensa que peut-être trouverait-elle là le débit de sa marchandise, ignorant que plus les gens étaient bêtes, moins il leur venait à l'idée d'acheter de l'esprit.

L'Étoile traversa la foule et entra dans une grande salle où il y avait trois hommes vêtus de robes noires, coiffés de bonnets carrés noirs, assis devant un bureau, et, aux deux côtés de ces trois hommes, d'autres hommes vêtus comme eux du bonnet carré noir et de la robe noire.

Alors, elle reconnut qu'elle était entrée au Palais-de-Justice, et que les hommes noirs étaient des juges, des avocats et des avoués.

On plaidait une cause de la plus haute importance, de sorte que la salle était comble.

L'avocat demandeur, qui était petit, laid, sale, avec une figure plate et un nez écrasé, venait d'achever ses plaidoiries et de prendre ses conclusions, de sorte qu'il se faisait une sorte de silence au moment où l'Étoile entra.

Elle crut le moment propice et se mit à crier :

— De l'esprit, Messieurs ! qui veut acheter de l'esprit ?

Or, il arriva que l'avocat qui venait de

plaider et celui qui allait plaider virent, chacun de son côté, une épigramme dans cette offre, et, d'accord pour la première fois, prirent contre la malencontreuse Étoile les mêmes conclusions.

Ces conclusions tendaient à ce que la marchande d'esprit fût décrétée d'accusation, à l'instant même, comme prévenue d'insulte à la justice.

Par bonheur, le procureur-général était un jeune homme de beaucoup d'esprit, et il se contenta de conclure à ce que l'Étoile fût conduite hors du Palais-de-Justice par deux gendarmes.

Les deux gendarmes prirent l'Étoile chacun par un rayon, et la reconduisirent jusqu'au pont, en lui montrant la voûte et en lui disant :

— Vous en êtes quitte pour la peur, cette fois-ci, ma belle enfant; mais qu'on ne vous reprenne plus.

La pauvre Étoile s'en alla confuse; mais, comme elle avait résolu de ne pas sortir de la ville sans étrenner, elle marcha, marcha, marcha jusqu'à ce qu'elle arrivât sur une grande place au milieu de laquelle elle aperçut un monument carré.

— Ah ! bon, dit-elle, voilà un temple comme j'en ai vu un à Athènes, et les Athéniens avaient tant d'esprit, qu'ils doivent désirer d'en acheter à quelque prix que ce soit.

Aussi se mit-elle à crier :

— Achetez-moi de l'esprit, Athéniens ! achetez-moi de l'esprit !

Deux hommes passaient ; l'un avait sous le bras un portefeuille plein de coupons de toute sorte, l'autre tenait un carnet sur lequel il faisait des chiffres tout en marchant.

— Je crois qu'elle nous a appelés Athéniens, dit l'homme au portefeuille.

— Il me semble avoir entendu quelque chose comme cela, répondit l'homme au carnet.

— Que veut-elle dire par Athéniens ? demanda l'homme au portefeuille.

— C'est probablement une nouvelle société qui vient de se former, répondit l'homme au carnet.

— Achetez de l'esprit ! achetez de l'esprit ! criait l'Étoile en suivant les deux spéculateurs.

— Bon ! dit l'homme au portefeuille, encore une société qui va faire banqueroute.

Et ils entrèrent dans le temple grec, qui n'était autre que la Bourse.

On vendait, on achetait, on agiotait, on payait des différences, on proposait des primes; les uns offraient des coupons espagnols, les autres du crédit mobilier; ceux-ci du gaz liquide; ceux-là de l'eau à domicile; et tout le monde trouvait le débit de sa marchandise.

L'Étoile se promenait au milieu de ce tumulte en criant de toute la force de ses poumons:
— De l'esprit! de l'esprit! Qui veut acheter de l'esprit!

Un quart d'agent de change s'approcha d'elle.

— Que diable vendez-vous là? demanda-t-il.

— De l'esprit.

— De l'esprit? Ah!

— Savez-vous ce que c'est?

— J'en ai entendu parler.

— Vous devriez en acheter, si peu que ce soit, ne fût-ce que pour faire connaissance avec lui.

— Est-il coté?

— Non.

— Eh bien! alors, que diable venez-vous faire ici?

Et, tournant le dos à l'Étoile :

— C'est un courtier marron, dit-il à une moitié d'agent de change.

Et tous d'eux s'en allèrent trouver un troisième quart d'agent de change qui désigna l'Étoile à un agent de police, lequel lui demanda sa carte, et, voyant qu'elle n'en avait pas, appela deux sergents de ville qui conduisirent la pauvre Étoile chez le commissaire du quartier.

Le commissaire aurait pu l'envoyer en prison; mais, vu l'ignorance où elle paraissait être du lieu où elle avait été rencontrée, ignorance plus que démontrée par la nature de la marchandise qu'elle avait essayé d'y vendre, il se contenta de lui ordonner de quitter la ville dans les vingt-quatre heures.

L'Étoile était si fatiguée des avanies que les habitants de la première ville où elle était entrée lui avaient faites, qu'elle fit grâce au commissaire de police de vingt-trois heures et demie et s'achemina vers la porte la plus proche.

Mais, à cette porte l'employé de l'octroi l'arrêta.

— Qu'avez-vous dans cette malle? demanda-t-il.

— De l'esprit, répondit l'Étoile.

— De l'esprit? — de l'esprit de vin?

— Non, de l'esprit.

— Contrebande, contrebande, dit l'employé de l'octroi, qui tenait pour contrebande toute marchandise qui lui était inconnue.

Et il fit arrêter la pauvre Étoile, et elle fut condamnée à 3 fr. 50 c. d'amende, après quoi deux douaniers saisirent la caisse, brisèrent les fioles, répandirent leur contenu dans le ruisseau, comme on fait du vin frelaté, tandis que deux autres, la prenant par dessous le bras, la conduisirent hors de la ville, en lui enjoignant de ne plus y remettre les pieds, sous peine de trois mois de prison.

Pendant ce temps l'esprit coulait à plein ruisseau.

C'est depuis ce jour-là que les gamins qui boivent au ruisseau ont tant d'esprit.

La Marchande de Vertu.

Pendant que l'Étoile n° 1 sortait de la ville par une porte, l'Étoile n° 2 y entrait par l'autre, en criant :

— De la vertu ! de la vertu ! qui veut acheter de la vertu ?

Les premiers qui entendirent ce singulier cri crurent s'être trompés ; mais l'Étoile, pleine de confiance dans sa marchandise, l'annonçait si hautement et si franchement, que bientôt les plus incrédules ne conservèrent plus aucun doute.

Ceux qui l'entendaient haussaient les épaules, et se disaient les uns aux autres :

— C'est quelque folle échappée de Charenton.

Les riches ajoutaient :

— On fait les maisons si petites maintenant, et nous avons déjà tant de meubles ; où diable veut-elle que nous mettions de la vertu ?

Les pauvres murmuraient :

— Que ferions-nous, nous autres pauvres gens, d'une marchandise si précieuse ; ce n'est pas la peine de faire des sacrifices pour l'acheter, car personne ne croira que nous la possédons.

Les femmes disaient :

— Bon ! de la vertu, il ne nous manquerait plus que cela, nous avons assez de peine à attraper des ma... sans vertu. Comment ferions-nous avec de la vertu ?

Les jeunes cavaliers disaient :

— La vertu ! nous avons déjà deux chevaux, une meute, un jockey ; avoir avec tout cela de la vertu, serait un luxe qui mériterait que nos parents nous fissent interdire, et que nos tuteurs nous nommassent un conseil de famille.

Une seule femme s'approcha de la marchande.

C'était la veuve d'un adjoint au sous-receveur d'un bureau de timbre.

— Combien coûte-t-elle, la vertu ? demanda la veuve.

— Rien.

— Comment, rien ?

— La peine de la garder seulement.

— C'est trop cher, dit la veuve, et elle tourna le dos à la marchande.

Voyant que les habitants de la ville n'allaient point à elle, elle résolut d'aller à eux.

Une porte était ouverte, elle entra.

— Que voulez-vous? demanda d'un ton aigre un femme grande, sèche, maigre, et dont le chien, qui paraissait aussi hargneux qu'elle, se mit à aboyer.

— Pardon, Madame, répondit humblement l'Étoile; mais c'est que je suis marchande.

— Je n'ai besoin de rien.

— Tout le monde à besoin de ce que je vends.

— Que vendez-vous donc?

— Je vends de la vertu.

— Si vous vendez de la vertu, vous devez en acheter alors?

— Sans doute. Pourquoi cela, demanda la marchande?

— C'est que j'en ai à revendre, dit la prude.

— Montrez-la, et peut-être ferons-nous affaire.

Alors la prude ouvrit les tiroirs d'une toilette et elle en tira une vertu, mais si vieille, si rapiécée, si pleine de reprises, si pleine de taches, si mangée aux vers, qu'il était impossible de se rendre compte de ce qu'elle avait pu être vingt ans auparavant.

— Combien me donnerez-vous pour vous vendre cette vertu-là? demanda la prude.

— Combien me donnerez-vous pour vous l'acheter? demanda l'Étoile.

— Voyez-vous, l'impertinente! s'écria la prude en arrachant sa vertu des mains de la marchande.

Mais la pauvre vertu était si sèche et si fragile qu'elle se déchira comme une toile d'araignée.

C'était une mauvaise affaire. La prude menaçait la marchande de lui faire un procès en calomnie et en diffamation, pour avoir dit que sa vertu était une vertu de hasard.

Et comme en ces sortes de matières la preuve n'est pas admise, l'Étoile courait grand risque de payer une grosse amende et même d'aller en prison.

Elle offrit à la prude une vertu toute neuve, à la place de celle qui était hors de service.

Mais la prude lui fit déballer sa marchandise, et quoique l'Étoile eût toutes sortes de vertus, la plaignante n'en trouva pas une seule à sa fantaisie.

La marchande fut obligée de lui offrir une indemnité en argent.

Après une longue discussion, l'indemnité fut fixée à une pistole.

L'Étoile tira de sa poche trois écus de Brabant qui faisaient onze livres dix sous, et pria poliment la prude de lui rendre un franc cinquante centimes.

La prude sortit, sous prétexte d'aller chercher de la monnaie, et revint avec la garde.

— Voilà une femme qui est entrée chez moi pour me voler, dit-elle; arrêtez-la et conduisez-la en prison.

L'Étoile eut beau dire qu'elle attendait sa monnaie, la garde, qui se composait d'Alsaciens qui n'entendaient pas la langue du pays, invita la marchande à se rendre chez le commissaire de police.

Il fallut obéir.

L'Étoile traversa les deux ou trois rues qui séparaient la maison de la prude du bureau du magistrat, et tous les gamins la suivaient en criant :

— Ohé ! voleuse !

Arrivée chez le commissaire de police, la

marchande de vertu exposa les faits avec tant de simplicité, que le digne magistrat, qui, grâce à l'œil qu'il portait sur lui, savait beaucoup de choses, et entre autres choses, que la prude chez laquelle avait été arrêtée l'Étoile n'avait pas de la vertu à revendre, renvoya la garde, et resté seul avec l'accusée, lui demanda quels étaient ses moyens d'existence.

L'Étoile ouvrit sa malle et montra sa marchandise.

Mais le magistrat se mit à rire.

— Ma belle enfant, dit-il, il y a des commerces qui n'en sont pas, et, si vous n'avez pas d'autres moyens d'existence, je vous inviterai à sortir de la ville; la ville a ses pauvres.

La pauvre Étoile baissa la tête, et sortit de la ville, en laissant sa malle chez le commissaire de police, qui, dans un repas de corps qui eut lieu le premier jour de l'année suivante, en distribua, à titre d'étrennes, le contenu à ses confrères.

C'est depuis ce temps-là que les commissaires de police sont si vertueux.

La Marchande de Santé.

Le même jour, la troisième Étoile entrait dans la même ville.

C'était celle qui vendait de la santé.

— Santé, santé à vendre! criait-elle; qui veut de la santé?

— Est-ce que vous vendez de la santé? lui cria-t-on de tous côtés.

— Oui. Santé à vendre! santé à vendre! achetez.

En moins d'un instant, il se fit un grand cercle autour d'elle; tout le monde en demandait, tout le monde en voulait, la pauvre Étoile ne savait qui entendre.

Mais la plupart de ceux qui étendaient les bras vers le bienheureux spécifique avaient depuis longtemps tué la santé en eux et en avaient chassé jusqu'au cadavre de leur corps; de sorte que la santé, qui avait son amour-propre, ne voulut jamais rentrer dans des endroits d'où on l'avait si ignominieusement chassée.

D'autres demandèrent :

— Est-ce cher à nourrir, la santé?

— Oh ! mon Dieu, non, répondait l'Étoile.

— Qu'est-ce que cela mange, qu'est-ce que cela boit, et comment faut-il la traiter ?

Et l'Étoile répondit :

— La santé mange avec modération, boit de l'eau claire, se couche de bonne heure et se lève avec le soleil.

Alors les gens haussèrent les épaules, et dirent :

— Cette marchande ne pare pas sa marchandise ; autant vaudrait se faire ermite que d'acheter la santé.

Mais cependant il y eut deux classes d'individus qui se dirent :

— Si par malheur cette marchande-là fait fortune, nous sommes ruinés.

C'étaient les médecins d'abord :

Les fossoyeurs ensuite.

Nous disons deux classes d'individus ; nous aurions dû dire une seule classe ; car dans cette ville, les médecins et les fossoyeurs étaient associés et formaient une société en commandite, sous la raison sociale : MM. Trépas et Cie.

Fossoyeurs et médecins se réunirent, et résolurent de se débarrasser, coûte que coûte, de la marchande et de la marchandise.

Les fossoyeurs se chargèrent de la marchandise.

Les médecins se chargèrent de la marchande.

Un fossoyeur lui escamota sa boîte.

Et comme elle criait :

— Au voleur! arrêtez! on m'a volé ma santé!

Un médecin, qui se trouvait à portée sur la route, lui dit :

— Venez par ici, ma petite, venez par ici; on va vous la rendre.

La marchande vit un homme de mine respectable, bien vêtu quoique d'une façon un peu lugubre.

Elle eut confiance et le suivit.

Il la conduisit à l'hôpital.

Quand la pauvre Étoile reconnut le lieu où elle était, elle voulut en sortir au plus vite.

Mais la porte s'était refermée sur elle.

Elle vit qu'elle était tombée dans un guet-apens.

— Monsieur le médecin, dit-elle, monsieur le

médecin, ayez pitié de moi ; je me porte à merveille.

— Vous vous trompez, lui dit-il, vous êtes fort malade.

— Mais je mange bien.

— Mauvais symptôme.

— Je bois bien.

— Mauvais symptôme.

— Je dors bien.

— Mauvais symptôme.

— J'ai l'œil clair, le pouls calme, la langue rose.

— Mauvais symptôme, mauvais symptôme, mauvais symptôme !

Et comme l'Étoile, soutenant qu'elle se portait bien, ne voulait ni se déshabiller ni se coucher, l'homme noir appela quatre gardiens qui la déshabillèrent de force et qui l'attachèrent dans un lit.

— Ah ! dit le médecin, tu te mêles de vendre de la santé quand nous vendons de la maladie, nous ; au lieu de nous proposer une association, tu viens nous faire concurrence; eh bien ! tu vas voir ce que tu vas voir.

Et il appela trois de ses confrères, et ils firent

ce que les médecins appellent une consultation, et ce que les fossoyeurs, leurs associés, appellent un jugement à mort.

On décida que l'Étoile serait soumise à un traitement pathologique, le plus expéditif de tous les traitements.

On la mit d'abord à une diète continue.

Puis on lui tira tous les jours quatre palettes de sang.

Enfin, sous prétexte qu'elle dormait trop, somnolence qui pouvait amener l'apoplexie, on lui chatouilla la plante des pieds chaque fois qu'elle ferma les yeux.

Par bonheur, en sa qualité d'Étoile, la marchande de santé était immortelle.

Elle ne mourut pas, attendu qu'elle ne pouvait pas mourir; mais elle fut bien malade.

Par bonheur encore, une nuit, son gardien s'endormit.

La pauvre Étoile parvint à détacher un de ses draps, puis deux, puis une jambe, puis l'autre.

Alors elle se glissa doucement hors de son lit, ouvrit une fenêtre, attacha un de ses draps à la barre, s'enveloppa dans l'autre, et descendit dans le jardin de l'hôpital.

Le jardin était clos de murs, mais ces murs étaient garnis d'espaliers.

Elle monta par dessus les murs.

Une fois de l'autre côté de l'enceinte mortuaire, l'Étoile se mit à courir de toutes ses forces.

Comme l'hôpital était porte à porte du cimetière, on crut, non pas qu'elle sortait de l'hôpital, mais du cimetière, et au lieu de la prendre pour une malade qui se sauve, on la prit pour un fantôme qui revenait.

Le drap dont elle était enveloppée aidait encore au prestige.

Au lieu de songer à l'arrêter, tout le monde, même la sentinelle qui veillait à la porte de la ville, s'écarta devant elle et la laissa passer.

— Ah ! s'écria-t-elle, si Jupiter a une seconde pacotille de santé à envoyer sur la terre, il peut en charger une autre marchande que moi.

Et quant à la première, elle ne s'informa même point de ce qu'elle était devenue.

Mais nous, en notre qualité d'historien de ce

merveilleux événement, nous nous sommes informé que le fossoyeur qui avait volé la caisse à l'Étoile avait porté cette caisse à ses camarades, en leur disant ce qu'elle contenait.

Alors, tous ensemble, avaient creusé un trou énorme en forme de fosse au milieu du cimetière. Ils y avaient jeté la santé et avaient comblé la fosse.

De sorte que personne n'avait profité de la bonne volonté de Jupiter, excepté les morts.

C'est depuis ce temps-là que les morts se portent si bien.

La Marchande de longues Années.

Pendant que l'on conduisait traîtreusement la santé à l'hôpital, où elle fût morte bien certainement si elle n'eût pas été immortelle, un cri, qui n'était pas sans analogie avec celui qui venait de lui si mal réussir, se faisait entendre dans un autre quartier de la ville.

C'était la quatrième Étoile qui essayait de débiter sa marchandise et qui criait :

— Qui veut vivre longtemps ? qui veut vivre

toujours? Achetez de longues années! achetez! achetez!

A ce cri, toute la ville fut sens dessus dessous.

Un riche banquier, qui avait maison à Paris, à Francfort, à New-York, à Vienne et à Londres; ordonna à son agent de change de réaliser autant de millions qu'il en faudrait pour acheter la boîte à lui tout seul.

Les grands seigneurs requirent la garde, afin d'empêcher les manants d'acheter la précieuse denrée.

Le clergé se rassembla. L'archevêque prévint le pape par le télégraphe électrique. Le pape répondit :

— Ceux qui achèteront de longues années devront payer une dîme d'une année sur chaque dix années qu'ils achèteront.

La Chambre législative décréta que celui qui achèterait de longues années paierait l'impôt progressif.

Le banquier vint avec ses millions pour tout acheter; mais il y eut émeute, on cria à l'accapareur, et l'on pendit le banquier.

Alors le roi, qui était un bon roi, abolit tous

les monopoles proposés, et déclara par un édit que les longues années se vendraient publiquement et que chacun, excepté les condamnés à mort, aurait le droit d'en acheter selon ses moyens.

Alors chacun s'approcha de l'Étoile, une main pleine d'argent et une main vide.

— De longues années! de longues années! disaient les acheteurs; voilà de l'argent; acceptez mon argent; mais prenez donc mon argent!

Et chacun criait :

— A moi, de longues années! De longues années, à moi, à moi, à moi!

— A votre service, messieurs et mesdames, répondait l'Étoile; mais avez-vous fait provision de la marchandise que vendaient mes trois sœurs?

— Et que vendaient vos trois sœurs? demandaient les acheteurs, pressés de tenir la précieuse marchandise.

— La première vendait de l'*esprit*.

— Nous n'en avons pas acheté.

— La seconde vendait de la *vertu*.

— Nous n'en avons pas acheté.

— La troisième vendait de la *santé*.

— Nous n'en avons pas acheté.

— Alors, répondit la marchande de longues années, j'en suis fâchée, mais *sans esprit, sans vertu* et *sans santé*, les longues années n'ont aucune valeur.

Et la marchande de longues années referma sa malle, refusant de vendre sa marchandise à des gens qui n'avaient pas eu l'intelligence d'acheter celle de ses sœurs.

Sa malle refermée, il se trouva qu'elle avait, sans y faire attention, gardé un échantillon de sa marchandise à la main.

C'était un petit bout de longue vie.

Il y en avait pour trois siècles.

Un perroquet était là sur son perchoir.

— As-tu déjeuné, Jacquot ? lui demanda-t-elle.

— Non, Margot, répondit le perroquet.

L'Étoile se mit à rire, et lui donna l'échantillon.

Le perroquet le mangea jusqu'à la dernière miette.

C'est depuis ce temps-là que les perroquets vivent trois cents ans.

La Marchande d'Honneur.

En ce moment, la marchande de longues années, qui regardait le papegai croquant son échantillon, entendit un grand tumulte.

Au milieu de ce grand tumulte, elle distingua ces mots :

— De l'honneur ! de l'honneur ! qui veut acheter de l'honneur ?

C'était la cinquième Étoile qui faisait son entrée dans la ville.

Tous ces gens qui avaient refusé d'acheter de l'esprit, de la vertu et de la santé, et à qui on venait de refuser de vendre de longues années, étaient furieux.

A ce cri, de l'honneur ! de l'honneur ! qui veut acheter de l'honneur ? ils résolurent de ne pas acheter l'honneur, mais de s'en emparer et s'il était possible de l'avoir pour rien.

En conséquence, ils se ruèrent sur la pauvre Étoile qui, se voyant ainsi menacée, ouvrit sa boîte et la secoua.

Mille choses en tombèrent.

C'étaient des croix.

Des titres.

Des rubans.

Des clefs d'or.

Des épaulettes.

Chacun se rua sur quelque objet et l'emporta tout courant, chacun croyant emporter de l'honneur, tandis que l'adroite Étoile n'avait laissé tomber que des honneurs.

Ce qui n'est pas la même chose.

Le véritable honneur était resté au fond de la boîte de l'Étoile, comme l'espérance était restée au fond de la boîte de Pandore.

C'est depuis ce temps-là que l'honneur est si rare et que les honneurs sont si communs.

La Marchande de Plaisirs.

Sur ces entrefaites, la sixième Étoile arriva en s'écriant :

— Des plaisirs!... qui veut acheter des plaisirs ?

Ceux qui n'avaient pas eu leur part d'honneurs voulurent avoir au moins des plaisirs.

Leurs croix à leurs boutonnières...

Leurs titres dans leurs poches...

Leurs rubans à leurs cous...

Leurs clefs d'or au pan de leurs habits...

Leurs épaulettes sur leurs épaules...

Et ils s'avançaient avec les autres pour avoir leur part de plaisirs.

Mais on trouva que ces messieurs abusaient de la fortune; on les appela cumulards, on fit une émeute. Ils arrachèrent la boîte des mains de l'Étoile... on arracha la boîte de leurs mains. Dans tout ce tohu-bohu la boîte tomba sur le pavé, la boîte se brisa, et les plaisirs volèrent de tous côtés.

Ce fut alors comme dans les baptêmes de village où le parrain et la marraine jettent des dragées, et où les gamins se ruent pour en avoir.

Seulement, les dragées étaient les plaisirs; et les gamins, la population tout entière d'une grande ville.

Il en résulta qu'au lieu que chacun achetât le plaisir qui lui convenait, chacun arracha le plaisir de son voisin, et fut partagé, non pas selon sa convenance, mais au hasard.

Or, le maraud s'en était donné à cœur joie...
de se moquer des pauvres humains...

Les femmes avaient la chasse.

Les hommes, les dentelles et les chiffons.

Les goutteux, la danse.

Les paralytiques, la promenade.

Les sourds, la musique.

Les aveugles, la peinture.

Les vieillards, l'amour passionné.

Les vieilles femmes, l'amour platonique.

Les enfants, le whist.

Bref, personne n'avait ce qu'il eût choisi ; aussi nul n'était-il content et chacun maudissait-il la marchande.

Ce que voyant celle-ci, elle prit les jambes à son cou et se sauva au lieu de demander son argent.

C'est depuis ce temps-là que les plaisirs sont si mal distribués, que l'on est tenté de regarder comme un fou tout homme qui prend du plaisir.

La Marchande d'Argent.

Et lorsque la pauvre marchande de plaisirs, qui venait de voir si effrontément piller sa marchandise, fut sortie de la ville, elle aperçut sa septième sœur, celle qui devait vendre l'argent, évanouie dans le fossé qui bordait la grande route.

La marchande de plaisirs courut à elle, s'assit à ses côtés, lui posa la tête sur les genoux et lui fit respirer des sels.

Mais ce ne fut pas sans peine que la septième Étoile revint à elle.

Revenue à elle, voici ce qu'elle raconta :

— A peine étais-je en vue de la ville, à peine eus-je eu l'imprudence de dire ce que j'y venais vendre, à peine sut-on que j'étais chargée d'argent, que des hommes tombèrent sur moi, me dépouillèrent et me laissèrent pour morte comme tu as vu.

— Mais quels étaient ces misérables? demandèrent les autres Étoiles qui venaient derrière.

— Des bandits?

— Des vagabonds?

— Des hommes mourant de faim ?

— C'étaient les millionnaires, mes sœurs, soupira la septième Étoile !

*
* *

Et quand les sept Étoiles furent remontées au ciel et eurent raconté à celui qui les avait envoyées comment elles avaient été reçues ici-bas, Jupiter fronça son sourcil terrible.

Mais Neptune et Pluton éclatèrent de rire.

— Nous avions bien dit, Sire, s'écrièrent-ils, que tu avais eu là une drôle d'idée.

Et ils répétèrent en chœur :

— Oh ! la drôle d'idée que tu avais eue là !

Et Jupiter, à la fin, fut de leur avis.

*
* *

Voilà, mot à mot, le texte du manuscrit retrouvé dans le tiroir de la table de M. ***, par le geôlier de la prison de la ville de ***, capitale des États de Sa Majesté le roi de ***.

HISTOIRE MERVEILLEUSE

D'un Homme qui passe en revue les feuillets de son Album.

I

Qui de vous, chers lecteurs et chères lectrices, n'a pas eu l'idée, un beau matin ou un beau soir, d'acheter les cinq ou six cahiers de papier blanc, jaune, bleu, rose, gris, reliés dans une couverture de maroquin, de basane, de veau ou de velours qu'on appelle un Album?

Une fois le livre acheté, — ce qui était une fantaisie, — vous avez eu l'idée d'y faire mettre votre chiffre en lettres romaines ou gothiques, ce qui était bel et bien votre droit, puisque ce livre vous appartenait, l'ayant payé de l'argent de votre bourse.

Mais vous ne vous êtes point arrêté là. Ce livre avait pour titre le mot *Album*, qui veut dire *blanc*. A peine acheté, vous avez eu l'idée de lui faire perdre son titre, et, en conséquence, vous avez ouvert le livre sur la table de votre boudoir, de votre salon ou de votre chambre à coucher, et à chaque ami ou amie qui vous venait voir, vous avez demandé,—s'il était peintre, un dessin,— poète, des vers, — prosateur, une pensée.

Et chacun s'est empressé, selon sa capacité, sa complaisance, son génie, de faire ce que vous demandiez, de sorte qu'il est sorti de tout cela un faisceau de protestations d'amitié, une gerbe de promesses de dévouement, que vous avez pris pour argent comptant, et auxquels vous vous êtes promis de recourir à l'occasion.

L'Album une fois rempli, vous l'avez fermé; et ce n'est plus que par hasard, à ces heures mélancoliques où murmurent à notre oreille les esprits des jours évanouis, que vous l'avez rouvert; — alors vous avez machinalement, et les uns après les autres, tourné les feuillets, dont chacun en passant sous vos yeux faisait voltiger sur votre visage l'ombre souriante d'un souvenir.

Çà et là, cependant, l'ombre de ce souvenir, au lieu d'être souriante et dorée, s'est faite attristée et sombre, lorsqu'une petite — placée au-dessous d'un nom vous rappelait que celui qui avait écrit le poétique quatrain, la folle chanson ou la tendre pensée, qui pareils à un reflet de son auteur, repassent sous vos yeux, a cessé de boire au grand calice de la vie et attend, plongé dans le lourd sommeil du tombeau, l'ouverture à grand orchestre du dernier jugement des âmes.

Mais ce n'est rien, ô cher lecteur, en comparaison de l'étreinte douloureuse qui te serre le cœur, quand sur un feuillet privilégié, dans quelques lacs d'amour, dans quelque couronne de roses et de lis, tu retrouves quelque ineffable parole de tendresse, quelque doux serment de fidélité, et qu'un implacable souvenir te rappelle qu'hélas! ces nœuds d'amour se sont dénoués sous les doigts de l'indifférence, et que ces roses et ces lis se sont effeuillés au vent de l'oubli.

Oh ! alors, mon pauvre lecteur, dis-moi : ne t'es-tu pas retrouvé bien seul dans ton univers de sentiment, aussi seul qu'un dieu chassé de l'Olympe, qu'un roi chassé du trône, qu'un fils banni de la maison paternelle ? Alors, pauvre lecteur, tu as vivement fermé ton album, et cependant pas si vivement qu'une larme n'ait eu le temps de mouiller le feuillet menteur ; alors tu l'as placé dans le tiroir le plus caché de ton secrétaire, ainsi qu'on ensevelit une grande douleur dans le repli le plus profond de son âme, en fermant la bouche dessus comme on ferme, sur la lettre qui vous fait part de la mort d'un ami, la serrure d'un pupitre.

Eh bien ! cher lecteur, un album dans le genre de celui que je viens de décrire avait été ouvert aux protestations de ses amis par M. Lips Kaeutzlein, le héros de cette histoire.

II

Le père de M. Lips Kaeutzlein était M. Baldrias Kaeutzlein, c'est-à-dire un banquier mis à la retraite avec le titre de millionnaire.

M. Baldrias Kaeutzlein était un des hommes

les plus prévoyants de son époque ; il poussait la prévoyance si loin, que, de crainte de donner un louis d'or à un pauvre en croyant donner un denier en cuivre, il se contentait de dire à ceux qui lui demandaient l'aumône :

— Mes amis, que Dieu vous bénisse !

A l'approche du jour de l'an, il avait toujours un voyage très-pressé à faire. Alors il sortait ostensiblement de la maison, avec un valet de confiance portant sa valise ; mais les voisins affirmaient que le soir même il rentrait chez lui en prenant toutes les précautions possibles pour ne pas être vu. Mais, malgré toutes ces précautions, on se montrait de la rue, des maisons à côté et des maisons en face, une petite lucarne qui éclairait, disait-on, la mansarde où s'était retiré le prévoyant fugitif de ces deux souhaits : Bonne année et parfaite santé !

De sa dix-huitième à sa quarantième année, sa vie à peu près entière s'était écoulée à la bourse des *différences*, et il y avait gagné une indifférence à peu près complète pour tout ce qui ne se cotait pas avec prime et ne produisait pas trois cents pour cent de dividende. Il comparait l'amitié à un coupon de rente espagnole.

Or, il n'achetait jamais de rentes espagnoles, à cause des éternelles révolutions du pays.

Mais, hélas ! l'amour est un drôle qui pénètre partout, même à la Bourse, et il était réservé aux grâces de la fille d'un courtier marron d'ajouter aux livres de commerce de M. Baldrias Kaeutzlein la colonne :

— Comptes de ménage.

Le courtier Ortep avait une fille nommée Thumelda.

Cette fille avait puisé sa nourriture temporelle aux mamelles d'une chèvre, et sa nourriture intellectuelle au catalogue d'un cabinet de lecture. Dans une solitude complète, la pauvre enfant donnait tout son temps au lissage de sa chevelure et au polissage de son esprit, frottant d'une main ses bandeaux avec de la pommade de moelle de bœuf, et tournant de l'autre les feuillets d'un roman d'Auguste Lafontaine ou de Charles Spindler, ce qui ne l'empêchait pas d'être vraiment une charmante jeune fille, à cet âge où l'enfance vient de succomber dans sa lutte contre la jeunesse, et où celle-ci, toute radieuse de sa victoire, se montre toute radieuse dans la ravissante beauté de son triomphe.

M. Ortep l'avait envoyée un jour avec une commission au bureau de M. Baldrias Kaeutzlein.

Le cœur de M. Kaeutzlein fut la victime de cette commission.

A quoi tient donc la destinée humaine ?

Cette commission avait pour but de porter un journal à M. Baldrias Kaeutzlein de la part de M. Ortep.

Ce jour-là, la rente avait haussé de cinq centimes.

M. Baldrias Kaeutzlein jouait à la hausse.

S'il eût joué à la baisse, M. Ortep, qui n'avait aucun motif de lui annoncer une nouvelle désagréable, se fût bien gardé de charger qui que ce fût, et surtout sa fille, de faire dire à M. Baldrias Kaeutzlein qu'il avait perdu.

Alors rien de ce qui était arrivé n'arrivait.

Du moment où M. Ortep n'envoyait point, par sa fille, le journal à M. Baldrias, M. Baldrias ne voyait pas Thumelda ; du moment où il ne voyait point Thumelda, il ne devenait point amoureux d'elle ; du moment où il ne devenait pas amoureux d'elle, grâce au peu de disposition qu'il avait naturellement pour le mariage, il ne l'épousait naturellement pas.

Ce n'est point ici l'endroit de décrire le combat d'un cœur avec un grand-livre : — le cœur battait pour Thumelda, — le grand-livre battait contre, — les deux plateaux de la balance restaient égaux et immobiles ; mais l'Amour prit le fléau, le plateau du grand-livre se leva, le plateau de Thumelda s'abaissa.

Tout était dit.

Thumelda fut échangée comme un coupon de rente qui passe de la souche native dans un portefeuille étranger : elle fut livrée au comptant et au pair par M. Ortep à M. Baldrias, et la pauvre enfant devint madame Kaeutzlein, juste au moment où son cœur et son imagination venaient, de compte à demi, de se créer un château en Espagne, tout peuplé de visages, dont pas un, c'était jouer de malheur, ne ressemblait à celui de M. Baldrias Kaeutzlein.

III

Après une bonne et heureuse lune de miel qui avait duré neuf mois, M. Baldrias Kaeutzlein reçut du Ciel, dans la personne de M. Lips Kaeutzlein, un héritier de son million.

Le jour même de la naissance du jeune Lips, M. Baldrias se retirait du champ mouvant de la Bourse pour étudier dans la solitude le plan d'éducation d'après lequel le jeune Lips devait devenir un jour le Sirius ou l'Orion de tous les commerçants passés, présents et futurs.

Les sentiments de Thumelda étaient tout différents. Dès qu'elle entendit les premiers cris de sont enfant, elle fut bien convaincue qu'un nouveau-né qui poussait des cris si harmonieux ne pouvait être qu'un poète, — un auteur dramatique, — ou tout au moins un romancier.

Oh! cher lecteur, je n'essaierai pas de te faire connaître ce sentiment-là. — Tu n'as jamais été mère.

Mais toi, ma belle lectrice, toi qui connais cette joie de serrer un enfant contre ton cœur maternel, ne te sembla-t-il point, quand on te salua pour la première fois du nom de mère, que la nature avait mis sa robe de noce et qu'elle venait vers toi, dans le crépuscule, un bouquet d'étoiles à la main? — Ne te semblait-il pas que, dans ce moment, le monde rajeuni avait secoué tous ses maux et toutes ses douleurs, et qu'il apparaissait devant toi avec la robe blanche de la virginité, comme si la création tout entière avait bu la jeunesse à la fabuleuse fontaine de Jouvence ?

Oh ! toi, chère lectrice, tu comprendras ce qu'éprouvait madame Baldrias Kaeutzlein.

Muette, sans haleine, sans détourner un instant son regard de lui, elle dévorait des yeux le petit braillard, et déjà son imagination, transportée dans son monde des rêves, bâtissait pour lui mille palais brillants, et lui brodait le mansteau de Fortunatus avec les plus riches feuillets des poètes et des romanciers.

Mais toi, mon pauvre cher enfant, toi qui viens d'échouer faible et nu sur le rivage de la vie, comment conduiras-tu ta barque, entre le mercantilisme de ton père et la poésie de ta mère, sans chavirer sur le sable des fausses spéculations ou dans la Carybde aventureuse du romantisme ?

IV

Nous passerons sous silence, si intéressantes qu'elles aient été, les premières années de notre héros, et nous le retrouverons jeune homme à dix-huit ans, étudiant à l'une de nos Universités d'Allemagne, que, si vous voulez bien, cher lecteur, nous appellerons Friedberg.

Notre Lips, d'ailleurs, était un grand et beau jeune homme à la figure franche et ouverte ; son savoir n'était ni surchargé ni sans poids ; son cœur penchait vers la teinte poétique de sa mère, quoique sa tête fût douée d'une certaine dose de hardiesse qui l'entraînait vers les spéculations paternelles.

Lorsque Lips arriva à l'Université de Friedberg, on sut bientôt par toute la ville que Lips était le fils unique d'un million. On peut penser que du jour, de l'heure, du moment où cette nouvelle fut avérée, il devint l'unique but des filles uniques du pays. Si on me laissait le choix d'être millionnaire moi-même, ou purement et simplement le fils d'un millionnaire, je choisirais sans hésitation d'être celui-ci.

Le millionnaire est un homme fini, — ce qu'il sera, il l'est, — aucun pressentiment de l'avenir ne rayonne autour de sa tête.

— C'est un millionnaire, disent les hommes.

— C'est un homme très-riche, à ce qu'il paraît, disent les femmes.

Et c'est tout.

Mais être le fils d'un millionnaire, poser comme l'unique héritier d'un million, — c'est devenir un des plus intéressants objets du monde.

L'auréole d'or d'un million à venir, jouant autour d'une jeune tête, fait de ce front-là un front presque divin.

— Quel brave garçon ! disent les francs buveurs, et comme il se connaît en vins !... Hein ! quel plaisir ce sera de descendre avec lui dans sa cave, quand son vieux dragon de père sera allé *ad patres !*

Ce qui veut dire, cher lecteur, sera retourné chez les aïeux.

— C'est un aimable jeune homme, disent les mères,—même les plus nobles,—car une mère, fût-elle de la maison royale d'Autriche, qui remonte à Éthicon, ne regarde pas comme une mésalliance d'épouser un million.

Les jeunes filles murmurent avec des yeux noyés et une incomparable douceur de voix :

— Oh ! il a dans toute sa personne je ne sais quoi d'attrayant...

Et voilà ce qui se répétait tout bas, à demi-voix, et même tout haut autour de Lips.

Lips seul ne semblait point s'apercevoir que tous les cœurs battissent pour lui.

Il étudiait la médecine, — chassait en automne ; — pour faire plaisir à sa mère, composait des chansons qu'il chantait d'une voix charmante ; — pour se faire plaisir à lui, allait au théâtre, — et, pour faire plaisir à ses jeunes amis, buvait avec eux, mais jamais plus de deux ou trois verres de vin du Rhin ou d'une choppe de bière.

Car, au fond, Lips n'était pas buveur.

Lips était rêveur.

Ce que savait admirablement Lips, par exemple, c'était ouvrir sa bourse à un ami dans le besoin, et plus d'une fois le fils du millionnaire, après avoir donné de quoi dîner à cinq ou six demandeurs, serait resté sans savoir comment il dînerait lui-même, si la renommée du million paternel ne lui avait pas ouvert crédit dans son hôtel.

Quant à sa résidence, Lips l'avait choisie dans la rue la plus animée de la ville, au deuxième étage d'une maison à grande façade. Son service était fait par un seul domestique.

En face de cette grande maison, comme la chose arrive souvent, il y en avait une petite ; son troisième étage était sous le toit, et le troisième étage était plutôt au-dessous qu'au-dessus du second étage de la grande maison.

Ce troisième étage offrait une façade de deux fenêtres seulement, lesquelles présentaient aux regards de Lips deux perspectives si parfaitement différentes qu'elles indiquaient deux locataires n'ayant aucun rapport entre eux.

Occupons-nous de la première de ces deux fenêtres, l'autre viendra ensuite.

V

Ce n'était pas une fenêtre, c'était une étagère couverte de fleurs de toute espèce, des plus fraîches, des plus belles, des plus parfumées, variant selon la saison et faisant de ce petit point privilégié dans l'espace un printemps éternel.

Parfois, du milieu de ces feuilles, de ces

fleurs, de ces parfums, sortait une main blanche et rose.

Oh! tenez, une main que je ne saurais décrire.

Car pour la décrire dignement, ou plutôt indignement, je serais forcé de recourir à toutes les comparaisons des poètes, depuis Anacréon jusqu'à Laube. Je vous parlerais de neige, de lis, de roses, d'aurore. Mais il faut bien que je l'avoue à la honte de la neige et du lis, qui croient être blancs, des roses et de l'aurore, qui croient être vermeilles; la neige, les lis, les roses et l'aurore sont vieux, ridés, fanés en comparaison de cette main.

Cher lecteur, n'as-tu jamais été amoureux d'une main?

Connais-tu le sonnet de Pétrarque sur la main de Laure?

<dd>O bella man' che mi distringo' il core.</dd>

Par exemple,

Ne t'est-il pas arrivé, cher lecteur, d'avoir sonné à une porte, et qu'une main soit sortie d'un guichet pour prendre la carte de visite ou la lettre que tu apportais, et que, pendant toute une semaine après ce guichet refermé, cette main ait nuit et jour, et comme si elle eût eu des ailes, voltigé devant ta pensée avec ses doigts effilés, ses fossettes rieuses et ses ongles roses ?

Et maintenant, cher lecteur, figure-toi notre Lips derrière les rideaux et juste devant cette petite main ; pense qu'à la suite de cette petite main, Lips a déjà vu deux fois un bras digne de sortir du ciseau de Phidias, et entrevu un cou, mais un cou à damner un saint : dis-moi, alors, ne trouves-tu pas tout naturel que notre Lips devienne, sur ce prospectus charmant, amoureux du reste de la femme, quoique ce reste, auquel son imagination ne peut atteindre que par analogie, lui soit complétement inconnu ?

Quelquefois seulement, quand le soleil en se couchant disait adieu aux feuilles et aux fleurs de la fenêtre, il lui semblait, à travers le voile frémissant et parfumé, entrevoir le rayon d'un doux et suave regard ; puis parfois, et ceux-là c'étaient ses jours de fête, il lui semblait entendre les accords d'une douce mélodie qui vibraient dans l'air comme les notes angéliques d'une harpe éolienne.

C'était la propriétaire de la belle maison qui chantait.

VI

A côté de cette croisée fleurie, verte, rose, parfumée, il y avait une autre croisée qui, formant, nous l'avons dit, un étrange contraste avec celle-ci, attirait l'attention de Lips d'une façon presque aussi absolue, quoique moins agréable que la première. Cette croisée était une grande vitrine pleine d'oiseaux étrangers, gros ou petits, posés sur des branches, tandis qu'au rez-de-chaussée, c'est-à-dire sur le sol, grouillaient pêle-mêle, comme au sortir de l'Arche, une infinité de lapins, de lièvres, de chiens, de hérissons, de rats, de mulots, de musaraignes et d'autres animaux, regardant avec des yeux de verre ce monde dont ils avaient cessé de faire partie.

Au reste, tous ces yeux avaient leur expression ; mais on sentait, si on peut le dire, une expression morte et dans laquelle on comprenait que la volonté de l'animal n'était pour rien : des perruches regardaient amoureusement des bengalis; un grand hibou, perché sur un rocher tout sanglant, ouvrait avec de gros yeux ronds et furieux la poitrine d'un rossignol qu'il tenait sous sa patte; un matou jouait avec une souris blanche; un singe donnait un lavement à un rat malade; un renard, un porc-épic, une poule et un pigeon étaient placés à une table et faisaient un whist; un merle fumait une cigarette espagnole et paraissait écouter avec une attention profonde et en clignant de l'œil la lecture d'un roman sentimental que lui faisait une marmotte; enfin une oie, les yeux vaguement perdus dans les nuages, le bec doucement et gracieusement entr'ouvert, semblait, une plume de fer à la patte, réfléchir aux premières strophes d'une élégie.

Bref, tout cela formait un mélange singulier, fantastique comme le commencement d'un conte d'Hoffmann, et quand le soleil couchant, en même temps qu'il caressait amoureusement les fleurs de la fenêtre voisine, se reflétait dans les yeux de toutes ces créatures, il semblait que les yeux faisaient des signes d'intelligence, de raillerie ou de menace à notre Lips, et tous ces regards fixés sur lui se croisaient si étranges et si opposés, que parfois, en rencontrant ces rayonnements douloureux, ironiques ou tendres, Lips était tout simplement pris d'un sentiment qui ressemblait à de la peur.

Alors le jeune homme s'éloignait ou tournait son regard vers la croisée où parmi les fleurs voltigeait cette main blanche ; mais, si complétement que cette main et ces fleurs absorbassent sa pensée, il y avait des moments où, malgré lui, ses regards se reportaient vers tous ces yeux de verre, et cette même sensation pénible que nous avons essayé de décrire perçait sa poitrine et étreignait son cœur.

Mais le sentiment fut bien autrement aigu et douloureux, si l'on peut s'exprimer ainsi, quand un soir il vit apparaître au milieu de tous ces yeux de verre enflammés par les derniers rayons du soleil, deux yeux humains aussi tendres, aussi menaçants, aussi tristes, aussi ironiques, aussi railleurs, aussi intelligents que les yeux factices des animaux : au-dessous de ces yeux s'allongeait un nez romain d'une belle forme, et sous ce nez se fendait une bouche dans les angles de laquelle on lisait une inexprimable douleur.

Non pas une douleur mobile et passagère, mais stable, permanente, inflexible, — une douleur morte, et pour ainsi dire enterrée, embaumée depuis longtemps.

Et, néanmoins, dans les coins de cette bouche, survivant même au masque de douleur qui était devenu le véritable visage de cet homme, — il y avait une bienveillance native et juvénile qui donnait presque du charme aux joues pâles et décharnées de l'inconnu.

Mais parfois aussi, il faut le dire, un tressaillement rapide commençait de frissonner au coin droit de cette bouche, et, s'élevant jusqu'à l'angle de l'œil, changeait entièrement la physionomie de cette étrange figure, et lui donnait une expression terrible d'ironie et de doute. On eût dit alors que cet homme au regard profond venait de voir passer à nu devant lui toute la vanité de cette vie, et peut-être même celle de l'autre vie.

Le lendemain du jour où Lips avait vu cet homme pour la première fois se mêler à la société de ses commensaux aux yeux de verre, il le revit un violon à la main.

Comme il comprit bien qu'il y aurait certainement dans les sons qu'il allait entendre des points d'orgue qui agiraient d'une façon agaçante sur son système nerveux, il fit un pas en arrière avec l'intention de fermer sa croisée et de mettre un rempart entre lui et les vibrations atmosphériques qui devaient lui apporter les notes prêtes à jaillir de l'archet de son voisin.

Mais, à la première note, il fut retenu comme par un de ces charmes magiques qu'éprouvaient ceux qui avaient eu le malheur de regarder la tête de Méduse ou d'écouter la mélodie des Sirènes. Pendant une heure que le solo dura, quoique chaque son jaillissant sous les coups de l'archet pénétrât jusqu'au fond de son cœur, froid et aigu comme la lame d'un poignard, glacé comme les derniers cris d'une âme qui se brise, Lips demeura debout, immobile, muet, la sueur au front, écoutant ces mélodies étranges par lesquelles il semblait que le joueur voulût calmer l'orage de son propre cœur. En effet, l'instrument, qui d'abord éclatait en notes criardes et douloureuses, se fondait peu à peu en sons lents, suaves et doux, et à mesure que ces sons devenaient plus doux, plus suaves et plus lents, l'instrumentiste inclinait et redressait son front plein de grâce et de sérénité, saluant les oiseaux d'un signe de tête jusqu'à ce qu'enfin sa sérénade se terminât par une terrible dissonance, comme si, à la fois, toutes les cordes de son violon et de son cœur se fussent brisées, et qu'il demeurât lui-même sans sons et sans âme, comme la carcasse vide d'un piano.

Et chaque soir, l'étrange spectacle se renouvelait; et quand le dernier cri de l'instrument et de l'instrumentiste se perdait dans les airs, si douloureux qu'il semblait la plainte de quelque âme condamnée à une expiation éternelle, un murmure doux et suave, pareil à un solo d'ange après un chœur de démons, s'élevait de la croisée fleurie, et le doux chant venant après la plainte amère, ressemblait à la première parole de consolation que la Providence murmure à l'oreille d'un homme frappé d'une douleur qu'il croyait mortelle.

Et alors l'homme au violon écoutait avec ravissement, battant la mesure de ces mélodies, qui semblaient nager dans l'atmosphère, jusqu'à ce que le voile de la nuit vînt s'étendre sur toute cette scène.

Pendant longtemps Lips combattit son désir de faire la double connaissance de ses deux voisins; mais, n'y pouvant plus résister, il prit des renseignements sur l'homme au violon d'abord, car il était résolu de commencer par lui.

Le résultat de ces renseignements fut que l'homme au violon se nommait Jules Knoepflein et vivait assez pauvrement de son métier d'empailleur d'oiseaux et de quadrupèdes.

Lips tordit le cou à un malheureux serin qu'il avait dans sa chambre, et, traversant la rue, il monta au troisième étage de l'empailleur.

VII

Lips, arrivé au palier du troisième étage, s'arrêta un instant pour se remettre; car, en passant à côté de la porte de la chambre voisine, qui était la chambre aux croisées fleuries, il avait senti son cœur s'enfler et battre avec violence.

Il se décida cependant à frapper.

Seulement, il frappa doucement.

L'instrumentiste ne répondit point.

Il frappa un peu plus fort.

Même silence.

Enfin, à un troisième appel, il entendit une voix sombre qui répondit :

— Entrez !

Sur cette invitation, Lips entra dans une chambre qui ressemblait fort à l'arche de Noé au moment où, contenant sa ménagerie encore au grand complet, elle s'arrêta sur le mont Ararat; des ossements de quadrupèdes, des dépouilles d'animaux, des peaux de serpents s'y trouvaient pêle-mêle, encombrant tellement la muraille qu'on ne savait sur quoi arrêter les yeux, couvrant tellement le plancher qu'on ne savait où poser le pied.

A la vue de Lips, Jules Knoepflein s'avança vers lui, enveloppé dans une robe de chambre qui semblait, depuis un siècle, soutenir à elle seule les assauts du temps ; ses boutons, dont la trace était demeurée visible, l'avaient abandonnée les uns après les autres et étaient remplacés par la corde d'un violoncelle servant de lacet et ramenant, à l'aide des boutonnières préexistantes et de trous percés en regard, les deux faces latérales de l'antique vêtement vers un centre commun ; mais Lips oublia le vêtement à l'aspect du corps long et maigre qu'il recouvrait et qui s'avança vers lui sous la forme d'un point d'interrogation vivant.

Si visible que fût la demande muette du virtuose, Lips, tout entier à la contemplation de l'être extraordinaire qu'il avait devant les yeux, garda le silence.

Force fut donc à l'instrumentiste de parler le premier, et Lips, il l'avoua plus d'une fois depuis, tressaillit de tout son corps lorsque le point d'interrogation s'animant demanda d'une voix monotone :

— Que désirez-vous faire empailler ? Monsieur.

Lips montra son serin.

L'empailleur le lui prit des mains.

— C'est bon, dit-il, vous pouvez revenir la semaine prochaine, l'animal sera sur son bâton.

Et en prononçant ces paroles, l'empailleur rouvrit la porte que Lips avait fermée derrière lui.

L'invitation à sortir était évidente.

Mais Lips resta immobile.

L'empailleur comprit qu'un plus long entrebâillement serait une impolitesse, et il referma la porte.

Enfin, Lips reprit courage, et balbutia la phrase suivante :

— Monsieur, j'ai le plaisir d'être votre voisin, et en ma qualité d'admirateur passionné du violon, j'ai pris la liberté de venir vous voir et de...

— Et de quoi? Monsieur, demanda l'instrumentiste.

— Et, ma foi! éclata Lips, de vous offrir mon amitié et mes services.

La physionomie de Knoepflein prit tout à coup à ces paroles une expression indéfinissable de sarcasme.

— Vos services, votre amitié, répéta-t-il, — vivants ou empaillés?

Lips était pétrifié de cette singulière question.

— Vivants ou empaillés? reprit une seconde fois Knoepflein.

Puis il se mit à rire.

— Et vous-même, demanda-t-il, êtes-vous vivant ou empaillé?

Et en même temps il s'avança vers Lips, comme pour s'assurer de l'état réel de sa personne, paraissant s'en rapporter assez peu à l'apparence.

Lips, effrayé, recula.

— Comment, Monsieur, vivant ou empaillé? demanda Lips.

— Eh! mon Dieu! oui; sais-je moi-même si je vis vivant dans la ménagerie humaine, ou si je vis empaillé pour le grand cabinet zoologique de la destinée, comme un oiseau rare ou un bipède précieux? Hélas! ce que je sais, c'est que j'ai vécu ma vie, et puisque après la mort de mon cœur il me reste encore la forme humaine, il faut bien que je sois empaillé. Il y a dans le monde, voyez-vous, deux existences bien distinctes : la vie vivante et la vie empaillée, la vie des privilégiés de la fortune, vie brillante, forte, active, pleine d'émotions et de pulsations puissantes, vie teintée des plus brillantes couleurs, nageant dans des mers d'or et d'argent, vie dont toutes les artères battent, et disent à chaque pulsation : « Santé, bonheur, amour. »— La vie des êtres du malheur, vie aux ailes abattues, aux yeux ternes, au cœur froid, à la lèvre fermée, vie au fluide évaporé et où à la place de la lumière le verre brille, vie empaillée, enfin.

Et il se tut, passa sa main sur son front humide de sueur, ouvrit la porte, et poussant Lips dehors :

— Mardi prochain, dit-il au jeune homme, vous pouvez venir chercher votre serin.

Lips se laissa machinalement mettre à la porte, resta quelques instants pensif dans le corridor ; mais alors, et comme il était presque décidé à descendre, et qu'il tenait déjà sa main appuyée à la rampe de l'escalier, entendant un chant doux et harmonieux qui sortait de la chambre à la croisée fleurie, il s'approcha vivement de la porte, écouta un instant,

Et frappa.

VIII

La petite chambre dans laquelle je vais vous faire entrer, cher lecteur, à la suite de notre ami Lips, est à peine assez grande pour que vous puissiez passer entre la table et le lit, et à peine assez haute pour que vous puissiez vous y tenir debout.

Au reste, si vous craignez de vous frapper la tête au plafond, inclinez-vous d'abord par considération pour vous-même, ensuite par respect pour le spectacle que vous avez devant les yeux, — c'est-à-dire celui de la beauté aux prises avec la misère.

C'est une rare et sainte chose que de rencontrer dans le grand voyage de la vie une belle fille marchant côte à côte de ce triste compagnon qu'on appelle la pauvreté, s'arrêtant de temps en temps à cause de la grande fatigue du chemin, et s'appuyant aux bornes de la route, comme un ange pleurant sur le mausolée de sa propre vie.

Ah! c'était bien véritablement un de ces anges doux et purs que nous venons de décrire qu'Élodie Lortzing, l'habitante de cette petite chambre dans laquelle déjà son père, Thomas Lortzing, avait demeuré avant elle. Malgré son exiguïté, il y avait eu dans cette chambre assez de place pour l'histoire de toute une génération, — et successivement y avaient tenu le berceau de l'enfant, le cercueil du père et le lit de douleur de la veuve.

Thomas Lortzing était peintre sur porcelaines dans la fabrique de B...., et malgré son habileté à manier le pinceau, il ne put, faute de protection, atteindre à un autre emploi que celui de peindre des bords bleus sur des plats blancs.

Cher lecteur, si jamais, dans un moment d'ingratitude envers la destinée, tu t'es plaint de l'uniformité de ton métier; si jamais tu as été agacé de l'obligation que t'imposait le soin d'aligner des chiffres dans les colonnes d'un registre; si jamais tu t'es levé en soupirant de la table de travail sur laquelle étaient entassées de vieilles chartes que tu avais mission de déchiffrer, alors, cher lecteur, tu eusses dû penser à Thomas Lortzing, et te rappeler qu'il existe de par le monde des créatures qui, pendant vingt-cinq années de leur vie, n'ont fait autre chose que de rester immobiles, tenant à la main un pinceau trempé dans de l'indigo, du bleu de Prusse ou du cobalt, tandis qu'une roue, symbole de l'éternité, chassait devant elle, dans un cercle incessant et infini, des assiettes blanches et des plats blancs.

Ajoutez à cela un esprit créé pour comprendre le beau, un cœur plein d'amour, une âme poétique et tendre, et, malgré tout cela, un malheureux rivé à la roue d'une fabrique, comme Prométhée à son rocher, et faisant pendant toute sa vie des raies bleues à des assiettes blanches.

Quand sa dernière heure sonna, le forçant de quitter le pinceau, il appela sa fille, et lui dit :

— La patience, mon cher enfant, est la seule chose que ton père puisse te laisser en héritage. De la patience ! de la patience ! de la patience ! mon enfant.

Et il mourut.

Son âme s'envola vers cette grande raie bleue, qu'on appelle le ciel, et qui entoure cette grande assiette blanche qu'on appelle la terre.

Élodie, à l'âge de quinze ans, resta seule avec sa vieille mère.

— Patience ! murmura-t-elle en revenant de conduire son père à sa dernière demeure, et en pressant sa petite main blanche sur son cœur, comme si elle voulait y imprimer ce mot trois fois répété par le moribond :

Patience ! patience ! patience !

En effet, les jours d'Élodie étaient des jours pleins de patience.

Le chef de la fabrique de porcelaine voulait donner une place chez lui à Élodie ; mais la jeune fille refusa obstinément de quitter sa vieille mère.

Elle espérait vaincre tout avec de la patience.

Elle avait trouvé dans un tiroir une boîte pleine de couleurs et de pinceaux, et comme elle avait reçu les premières notions du dessin, elle se présenta chez une marchande de modes, s'offrant pour enluminer des modèles de tapisseries. En vain la marchande insista, lui proposant des appointements triples de ceux qu'elle demandait pour qu'elle prît place dans son élégant magasin. Élodie refusa toujours. Depuis trois années déjà, elle nourrissait sa mère de ce métier uniforme et pénible, lorsque sa mère mourut à son tour. Ce fut une grande source de larmes que cette mort ; mais Dieu et le mot patience vinrent à son secours. Sa chambre lui semblait, si petite qu'elle fût, bien grande pour elle seule. Enfin, sans oublier, elle pleura moins amèrement ; sans se consoler, elle devint moins triste, et c'était ainsi qu'elle venait d'atteindre sa dix-neuvième année, en peignant les tapisseries et en arrosant les fleurs.

Souvent, bien souvent, il arrivait qu'après une longue journée de ce labeur silencieux, une larme roulait de son œil sur son dessin, mais :

— Patience ! disait-elle.

Et à travers la seconde larme, elle souriait déjà.

Une de ces larmes brillait suspendue et tremblante aux longs cils d'Élodie, au moment même où elle entendit frapper à sa porte.

— Entrez, dit-elle.

Et notre héros entra.

IX

Au moment même où le jeune homme entrait par la porte, le crépuscule entrait par la fenêtre. Il s'avançait tout chargé encore des derniers rayons du jour, luttant contre les premières ombres de la nuit, pareil à une mer qui vient de briser sa digue, et dorant d'un reflet moitié orangé, moitié pourpre, cette jolie petite main qui avait été si fatale au repos du jeune Lips.

La jeune fille se retourna tout effarée, tant c'était pour elle chose extraordinaire qu'une visite, et s'avança vers l'étranger.

Le coloris de ses joues, le mouvement de ses lèvres entr'ouvertes, formulaient cette question toute naturelle :

— Monsieur, qui êtes-vous et que désirez-vous?

Mais tout à coup le trouble du visage de la jeune fille indiqua que la première des deux questions était inutile.

Elle venait de reconnaître son voisin.

Si Lips avait été embarrassé devant l'empailleur, ce fut bien pis devant la jeune fille.

Un moment se passa dans un éloquent silence : pendant ce moment, les yeux seuls des deux jeunes gens se chargeaient de dire à chacun ce qui se passait dans le cœur de l'autre.

Si jamais vous avez compté, dans votre vie, un moment pareil à celui-ci, ô mon sentimental lecteur ou ma sentimentale lectrice, moment bienheureux, où l'objet que vous poursuivez à travers mille obstacles et pendant un temps infini se présente tout à coup à votre regard ébloui, alors vous comprendrez combien il y avait de joie, combien il y avait d'amour, combien il y avait d'indéfinissable tendresse dans ce silence simultané de Lips et d'Élodie.

Mais vous, lecteur du grand monde, vous, lecteur de la haute société, qui ne connaissez ce sentiment divin que pour l'avoir trouvé dans les éditions de poche de quelques romans écrits pour des cœurs desséchés ; vous qui avez été si souvent amoureux que vous n'avez jamais eu le temps d'aimer ; vous qui consultez vos tantes et votre bourse pour savoir si tel ou tel amour peut vous entrer convenablement dans le cœur, passez par dessus ce chapitre sans y jeter les yeux car le simple flottement de votre regard effacerait le velouté de cette scène, velouté plus fragile que la poussière brillante qui poudroie aux ailes des papillons ; car votre haussement d'épaules ferait fuir tout honteux le bon ange qui, bercé sur un nuage, regarde en souriant à travers les fleurs ce qui se passe dans la chambre de la jeune fille que le Seigneur lui a donnée à garder.

Mais vous, cher lecteur, mais vous, chère lectrice, qui venez de me faire signe de la tête que ces bienheureux moments ne vous avaient pas été étrangers, regardez avec moi dans cette petite chambrette, et vous verrez nos deux jeunes gens la main dans la main, silencieux, mais souriant devant la fenêtre fleurie; dans leurs yeux brille la sainte flamme d'un premier amour.

Enfin Lips leva le premier les yeux vers le firmament et dit :

— Comme l'azur du ciel est profond et infini, mais cependant l'amour est plus profond et plus infini encore. Les étoiles sont brillantes et douces, mais l'amour est encore plus doux et plus brillant que les étoiles. La brise du soir est fraîche et rafraîchissante, mais l'amour est encore plus frais et plus rafraîchissant que la brise. Cette nuit est discrète et consolatrice, mais l'amour est encore plus discret et plus consolateur que la nuit. Le crépuscule est mystérieux et plein de promesses, mais.....

Tout à coup un son discordant fendit l'air et la nuit, et la nuit et l'air semblèrent se plaindre d'être dérangés ainsi au moment de leur hyménée.

C'était le premier cri du violon de Jules Knoepflein, qui vibrait dans le crépuscule, tandis que, d'une voix lugubre, le virtuose chantait sur un air gai :

> A la jeune et vive alouette
> Ainsi parlait un vieux hibou :
> Je viens de perdre ma chouette,
> Hou, hou, hou, hou, hou, hou, hou, hou !

> Veux-tu devenir mon amante ?
> Je t'offre ma patte et mon trou ;
> J'ai l'œil tendre et la voix charmante.
> Hou, hou, hou, hou, hou, hou, hou, hou !

> Nous aurons d'un hymen prospère
> Ce que prédit le coucou,
> Des enfants gais comme leur père.
> Hou, hou, hou, hou, hou, hou, hou, hou !

Il y a une chose à remarquer, c'est que jamais l'accent de la douleur ne pénètre plus profondément dans le cœur de l'homme que lorsque ce cœur est ouvert à la joie et au bonheur. Le calice de cette fleur si délicate qu'on appelle la joie est d'autant plus exposé à être desséché par l'orage, qu'il vient de recevoir la rosée, cette douce larme du ciel ; aussi comprend-on que les sons lamentables poussés comme dans un délire douloureux par Jules Knoepflein firent profondément tressaillir les deux amants.

Alors Lips raconta à la jeune fille toute tremblante la visite qu'il venait de faire à son voisin, et lui exprima le désir qu'il avait de connaître cet homme singulier.

Le voisinage du virtuose avait mis Élodie à même de remplir ce désir.

Jules Knoepflein était venu comme étudiant à l'Université de M... sans aucune fortune paternelle. Il vécut des leçons de musique qu'il donnait. Parmi ses élèves, il comptait la fille d'un professeur du cabinet zoologique. Elle se nommait Amélie.

Amélie était jeune et belle. Jules, à cette époque, était jeune et beau, et l'*adagio* d'une inclination muette devint bientôt le *prestissimo* d'une passion brûlante.

Or, il arriva que, pendant une leçon de piano, les quatre mains des deux exécutants s'égarèrent sur le piano, et qu'après avoir vainement cherché l'ha onie, ce furent leurs lèvres qui trouvèrent d. n long et ardent baiser ce que cherchaient leurs mains. A ce même moment, par malheur, le professeur du cabinet zoologique entra et troubla ces accords parfaits en y adjoignant comme accompagnement un *furioso* de professeur d'anatomie, c'est-à-dire composé par un homme pour qui la peau, les os, les nerfs et les muscles sont tout, et pour qui le cœur n'est rien qu'un cylindre de forme conique qui remplit dans l'économie humaine la place qu'occupe un poêle dans un appartement.

Les leçons furent interrompues, le professeur trouvant que sa fille était assez forte comme cela. Bon gré mal gré, on maria la pauvre enfant à un professeur de mathématiques qui regardait, lui, les hommes comme des chiffres, et par l'influence du père d'Amélie, Jules fut forcé de quitter l'Université.

A partir de ce moment, comme eût dit le mari de sa bien-aimée Amélie, la vie était devenue un zéro auquel on a ôté l'unité qui décuple sa valeur. Il était incapable de reprendre le cours d'études sérieuses. Pourquoi d'ailleurs les eût-il reprises? il avait perdu le prix qu'il avait rêvé comme récompense à ses peines.

Il se laissait donc aller aux jours, aux choses, aux événements comme un homme qui a cessé d'avoir sa raison d'être, passant des heures entières dans l'inactivité, n'ayant emporté et ne conservant de sa vie passée que le violon qui gémissait si douloureusement entre ses doigts.

Quant à la vie matérielle, il y subvenait en empaillant des reptiles, des quadrupèdes et des oiseaux.

Ainsi, sa douleur muette s'était peu à peu formé une société de ces animaux morts, et, moitié sérieusement, moitié ironiquement, il avait fini par croire que tout dans la vie, hommes et choses, avait pour commun destin d'être empaillé.

X

Lips et Élodie avaient assez de bonheur pour en répandre autour d'eux. Ils attirèrent le malheureux Knoepflein dans le cercle enchanté de leur amour ; et Lips, qui avait toujours fait de la médecine en fils de millionnaire, partagea désormais son temps entre ces deux êtres auxquels il donnait tout le trésor de son cœur : à l'un son amitié, à l'autre son amour.

Maintenant restait la négociation sérieuse à entamer. Il s'agissait de mener Élodie aux genoux de Mme Baldrias Kaeutzlein, et que Mme Baldrias Kaeutzlein obtînt, au mariage de Lips et d'une jeune fille plus pauvre, le consentement de son mari.

Quant à obtenir celui de sa mère, cela n'inquiétait pas le moins du monde Lips, ou plutôt c'était chose déjà faite.

Mais voilà qu'au moment où ils allaient se mettre en route, accompagnés de tous les vœux de leur ami Jules Knoepflein, le hasard et la destinée, comme c'est leur habitude, arrangèrent les événements, sans se donner la peine d'en prévenir les gens qui y étaient le plus intéressés.

Des naufrages, des faillites, des incendies, enfin les mille et mille accidents de la fatalité firent en trois mois, du millionnaire Baldrias Kaeutzlein, un quasi pauvre diable.

Après le plaisir de devenir millionnaire, je ne sais rien de mieux que de ne l'avoir jamais été ; car alors on ne peut jamais devenir un pauvre diable.

M. Baldrias Kaeutzlein ne survécut pas longtemps à son million. Sa vie était tellement attachée à son argent, que par sa perte il fut perdu, si bien qu'un beau jour il partit pour le pays où les riches et les pauvres s'asseoient sur le même banc et touchent par coupons égaux les rentes de l'immortalité.

La veuve de Kaeutzlein avait à peine sauvé du naufrage de sa fortune une somme suffisante à aller retrouver son fils, auquel elle venait demander l'aumône du reste de sa vie, accompagnée de deux autres petits Kaeutzlein, qui cherchaient protection sous l'aile de leur aîné.

Lips avait, le cœur brisé, vu la main du sort abattre une à une les fleurs de ses espérances ; mais chez les bonnes natures le malheur a pour résultat de rendre le caractère plus doux et plus impressionnable. Quand une grande infortune nous frappe, c'est alors que nous sentons notre faiblesse et notre isolement, et que nous nous serrons plus fortement contre notre prochain, comme pour nous en faire un bouclier contre la fatalité.

Et de tous les sentiments que renfermait le cœur de Lips, c'était surtout celui de l'amour qui était devenu plus violent que jamais ; et c'est tout simple. Y a-t-il de plus belles et de plus douces larmes que celles qu'on pleure au sein de l'amour ?

L'amour que lui inspirait Élodie lui donnait le courage de lutter contre la fortune ; car la possession d'Élodie était le prix de cette lutte.

Depuis le soir où, pour la première fois, il était entré chez elle, il avait rompu avec tous ses amis ; mais comme l'état de gêne auquel il en était arrivé le forçait d'avoir recours à ses amis les plus dévoués, et surtout les plus riches, il tira de son secrétaire l'album où s'étaient inscrits tous ses amis, décidant d'avance, à part lui et dans son cœur, que d'après la chaleur ou la tiédeur de leurs attestations amicales, il s'adresserait ou ne s'adresserait pas à eux.

L'album, relié en maroquin rouge, avec des coins de vermeil et le chiffre composé des deux lettres L. K., imprimé en or, fut tiré, comme nous l'avons dit, de son tiroir, démaillotté des plis du journal qui l'enveloppait et ouvert à la première page.

La revue des feuillets commença.

Dès la première feuille, il lut les lignes suivantes :

« Oh ! qui donc inventa ce diamant de la langue, composé de deux simples syllabes : — Ami ? — Cet homme a inventé la consolation de tous les maux.

« Pour toi, cher Lips, c'est moi qui suis l'inventeur de ce mot divin. »

« Sigismond-Othon-Herbert, baron de Balderstein. »

— Mon bon Othon, s'écria Lips, mon fidèle, mon cher, mon noble ami. Ma foi, je n'ai pas eu besoin de chercher longtemps, car dès la première page j'ai trouvé ce que je cherchais.

Lips prit vivement son chapeau et sa canne, et dix minutes après il était dans l'antichambre du baron de Balderstein.

Lips se fit annoncer, et n'attendit pas une seconde.

C'était de bon augure.

— Oh ! mon Dieu ! s'écria le baron, — une maigre, jaune et longue figure, avec de tout petits yeux, — mais quel bon vent t'amène donc ? mon cher Lips.

Et ce disant, il le serra avec beaucoup de précaution contre sa poitrine de peur de chiffonner son jabot.

Puis se tournant vers la porte :

— Jean, s'écria-t-il, un déjeuner à la fourchette, et du vin de Champagne.

Puis se retournant vers Lips :

— Mais comment se fait-il donc, demanda-t-il, qu'on ne te voie plus?

— Oh! mon bon Othon! soupira Lips.

— Ah! je comprends, dit le baron, minaudant à sa glace.

— Que comprends-tu?

— Je comprends ce qui t'amène : une petite tracasserie d'amour dont tu veux me faire confident.

— Tu te trompes.

— Bon! un duel, alors! Tu sais que je suis à ta disposition comme témoin. Veux-tu mes épées ou mes pistolets? Des épées de la manufacture de Solingen, des pistolets de la fabrique de Kukenreiter.

— Non, répondit Lips ; je n'ai besoin de rien de tout cela.

— De quoi as-tu donc besoin? demanda

Othon, commençant à manifester quelque inquiétude.

— J'ai besoin de ton amitié, Othon, mon père est mort.

— Et te voilà millionnaire ?

— Non, me voilà ruiné.

— Ruiné ! s'écria le baron stupéfait.

— Oui, ruiné. Des malheurs qu'il serait trop long de te raconter.....

— Tu as raison ; tu as raison, dit le baron ; trop long et trop douloureux, pour moi surtout.

— De sorte que ma mère est arrivée.

— Oh ! pauvre bonne femme ! — Jean !

— Elle est chez moi avec mes petites sœurs.

— Avec tes petites sœurs, diable ! — Jean !

— Bref, Othon, j'ai besoin de cent louis.

Le baron changea de couleur.

— De cent louis ? dit-il ; ah ! — Hé, Jean !

— Oui, pour faire face aux premiers besoins et me donner le temps de me retourner.

— Je suis au désespoir, cher ami ; mais tu me prends à sec. Je viens d'acheter un cheval huit cents thalers, une jument isabelle, une bête de cinq ans, superbe ; Jean te la montrera. —

Hé, Jean ! mais venez donc, mon ami ; que faites-vous donc ?

— Monsieur le baron m'avait dit de préparer le déjeuner et d'aller à la cave.

— Jean, tu montreras ma jument à Lips.

— Inutile, mon ami ; je ne suis pas venu pour voir la jument, mais pour te dire que ma mère souffre.

— Oh ! je suis au désespoir, au désespoir ! répéta le baron en donnant un morceau de sucre à son serin ; mais pas d'argent, pas un thaler.

— Si tu n'as point d'argent, dit naïvement Lips, avec ton crédit, rien de plus facile que de trouver la faible somme que je te demande.

— Oh ! impossible, mon cher, impossible ; tu ne connais pas les amis.

— Si je ne les connaissais pas, je commence à les connaître.

— Jean, rasez-moi, mon ami ; vous savez bien qu'il faut que je sorte.

Jean commença à savonner le baron.

Lips attendait toujours. Il ne pouvait croire à cette insensibilité chez un homme qui lui avait fait de si belles protestations.

— Eh bien ! cher Othon, dit-il enfin.

— Mon cher, mon cher, tout à fait impossible, parole d'honneur ! Jean, mon manteau. Lips, tu me pardonnes, il faut que je sorte ; mon cher Lips, excuse-moi.

Lips rentra chez lui. Il alluma une bougie, déchira de l'album le feuillet du baron, y mit le feu, et regarda avec une sombre douleur une langue de flamme qui, avant de le dévorer, semblait lécher avec délices le mot AMI.

XI

Lips tourna deux ou trois feuillets de son album.

Il arriva à un charmant petit papier aux bords découpés en dentelle et sur lequel était brodé avec de la soie aux mille couleurs un rosier avec des milliers de boutons.

Au dessous du rosier étaient écrits, d'une fine écriture de femme, les vers suivants :

> Je t'offre cette rose
> Sous mon aiguille éclose :
> Si ce soir ou demain
> Quelqu'épine enhardie...

> Te déchire la main,
> Appelle ta Claudie ;
> Elle accourra soudain
> Pour l'arracher, fidèle,
> En l'enlevant, dût-elle
> Ensanglanter sa main.

Les vers n'étaient pas bons, mais l'écriture était si jolie, qu'elle faisait passer les vers.

Et autour de ces vers, comme pour les enfermer dans un cadre digne d'eux, étaient écrits ces mots :

Amour et *Loyauté.* C'est la devise de CLAUDIE HALDERN, née vicomtesse de BISTRITZ.

Et, en effet, Claudie Haldern avait la réputation d'être une des plus belles, une des plus riches, une des plus sentimentales personnes de la ville. Elle était, comme on a vu, d'une famille noble, qui avait plus de champs dans son écusson écartelé en croix, qu'elle n'en avait en réalité, et plus d'aïeux que de rentes. Claudie était belle et sentimentale ; Claudie était une vraie fleur de son arbre généalogique. Mais comme les épouseurs de tous les pays du monde aiment beaucoup mieux les fruits que les fleurs, Claudie fut obligée de descendre du haut de son arbre et de devenir tout simplement Madame Haldern. M. Haldern était un homme qui, quoiqu'il eût père et grand'père, n'avait pas d'aïeux, lui, mais qui, au lieu d'arbres généalogiques, possédait dans les tiroirs de son secrétaire quelques centaines de mille têtes couronnées moulées en or. Pendant deux ans, le bonhomme eut l'honneur d'être le mari de Mlle de Bistritz ; mais, au bout de deux ans, il eut la bonté de remplir le plus ardent désir de sa femme :

Il mourut.

Trois jours après ce jour mémorable, Madame Haldern sortait pour la première fois avec son mari... Il est vrai que c'était pour le conduire au cimetière.

Claudie se consola en ouvrant tous les tiroirs du secrétaire de son mari et en se trouvant en si nombreuse société de têtes couronnées. Le noir lui allait à ravir. Blonde, avec des cheveux d'or encadrant un visage fait de lis et de roses, le deuil semblait fait pour elle. Aussi résolut-elle de profiter de cette bonne fortune qui la condamnait à porter des vêtements de veuve. Elle ouvrit ses salons à la noblesse, à l'épée, aux beaux-arts, à la finance. Et comme Lips était, du temps de son million, un des plus charmants financiers qu'il se pût voir, il était à toute heure le bienvenu chez la belle Claudie Haldern, née vicomtesse de Bistritz.

Donc c'était pour le moment *vers la rose sans épines* que Lips dirigeait ses pas.

La femme de chambre de Mme de Haldern reçut le visiteur. Or, comme l'intelligente soubrette connaissait la couleur du million de Lips par les échantillons qu'elle en avait reçus, elle s'empressa de l'introduire dans le salon et de l'annoncer à madame qui était à sa toilette.

Après deux secondes d'attente, la porte s'ouvrit, et Claudie apparut resplendissante.

— Mon pressentiment ne m'avait donc pas trompée, dit la belle veuve de sa voix la plus languissante, je vous attendais.

Puis, se retournant vers la femme de chambre :

— Suzette, je n'y suis pour personne; vous entendez?

Ces deux derniers mots furent prononcés avec une accentuation qui eût comblé de joie un homme préoccupé de pensées moins graves que celles auxquelles était en proie notre pauvre Lips.

Et cependant Lips baisait galamment la main chargée de diamants de sa belle amie.

Elle l'attira tout doucement sur une ottomane.

— Il est vrai, continua-t-elle, que le duc de *** et le chevalier de *** se sont fait annoncer chez moi...; mais on vous voit si rarement, mon cher Lips, que je ne veux être chez moi que pour vous.

Ah! cette fois, Lips ne s'était donc pas trompé.

Et cependant, embarrassé d'entamer la délicate conversation qu'il venait chercher, il étendit la main vers une table et prit un livre magnifiquement relié et qui paraissait être un des livres favoris de la belle veuve.

— Ah! Pope, dit Lips.

— Oui, répondit Claudie : *Essay on man*.

— Vous aimez ce livre? chère Madame.

— Oh! s'écria la belle veuve, quelle élévation d'idées!

Quelle chaleur de sentiments!... Le cœur humain, avec ses forces et ses faiblesses, s'est ouvert pour moi le jour où j'ai ouvert ce livre. Depuis que j'ai fait du divin Pope mon ami, je me sens meilleure; je voudrais jeter des fleurs sur la tête de tous les hommes, embrasser la création dans le cercle de mon amour..

— Noble cœur ! murmura Lips.

Et une larme mouilla la couverture de l'*Essai sur l'homme.*

Alors, enhardi par l'explosion de sensibilité à laquelle venait de se livrer la belle rose sans épines, Lips commença de lui raconter la mort de son père, la perte de sa fortune, la ruine de sa mère, et enfin l'espoir que, dans cette situation suprême, il avait mis en elle, Claudie, sa seule, sa fidèle, son éternelle amie.

Pendant le discours de Lips, la figure de Claudie eût été véritablement une intéressante étude à faire pour un peintre ou un physiologiste. Les traits de la belle veuve se décomposèrent l'un après l'autre ; puis, insensiblement, elle retira sa main. Sa main retirée, elle se retira elle-même dans le coin opposé du canapé ; puis cette évolution habilement achevée, entre elle et le visiteur elle plaça comme une barrière l'*Essay on man.*

Enfin, lorsque Lips eut fini, comme il n'avait point ménagé Othon :

— Vous avez été injuste envers votre ami, monsieur Kacutzlein, dit-elle avec une certaine hésitation ; il y a dans la vie humaine des moments difficiles, des situations fâcheuses.

— Oh ! s'écria Lips, je n'accuse personne ; mais les vives couleurs de l'idéal ont pâli dans mon cœur... les hommes sont insensibles... les femmes sont les privilégiées de la création : Pope l'a dit.

The nature of women.

— Oui, reprit la belle veuve ; mais les choses marchent d'une autre façon dans la vie que dans la tête d'un poète... Ah ! mon Dieu !

— Quoi donc ! chère Claudie.

— Ma migraine ! ma migraine ! voilà ma migraine qui me prend... Suzette !...

— Puis-je vous être bon à quelque chose ? chère Claudie.

— Oh ! non ; les hommes n'entendent rien à cela. Suzette !...

— Cependant...

— Ah ! te voilà, Suzette ! Baisse les rideaux,

petite. Comme je vous le disais, mon cher monsieur Lips... Mon Dieu ! l'idée de ne pouvoir vous servir m'a horriblement attaqué les nerfs.

— Oh ! je le crois, dit Lips, dans sa bonne foi ; d'ailleurs Pope le dit quelque part :

The sensibility of women.

Mais vous avez un banquier, chère Claudie, et par votre banquier.,.

— Oh ! j'y avais bien pensé, répondit la jeune veuve, mais je ne suis pas encore majeure !...

— Vraiment ! s'écria Lips, au comble de l'étonnement.

— Oh ! quelle stupide migraine... mon Dieu ! Suzette, de l'éther ; Suzette, passe ton bras sous ma tête, mon enfant.

Suzette passa son bras sous le cou de sa maîtresse. C'était une scène ravissante à voir pour un auteur comique, mais triste à mourir pour l'acteur principal.

La maîtresse et la soubrette dans un coin du divan ;

Lips dans l'autre ;

The Essay on man de Pope au milieu.

Claudie commença par geindre doucement, puis elle s'endormit peu à peu.

Lips se leva, prit Pope, le mit sous l'autre bras de Suzette, puis s'en alla en disant :

— Ce pauvre Pope qui a la migraine !

Puis, arrivé chez lui, il jeta le feuillet de la rose sans épines au feu, en riant amèrement.

Les éclats de rire redoublèrent lorsque la flamme dévora ces mots :

AMOUR

ET

LOYAUTÉ.

Lips revint à son album.

XII

Sur le dernier feuillet, étaient écrits ces mots :

« Quand on arrachera le soleil du ciel, on « t'arrachera de mon cœur, cher Lips !

« Carles, comte de Lobeden. »

Le soleil éclaire encore le monde, s'écria Lips

en s'élançant hors de la maison et se dirigeant vers la maison seigneuriale du comte.

Le comte Charles de Lobeden avait une réputation d'être la bienfaisance en personne.

Il l'était en effet, tant qu'il était sûr d'être vu. C'était un de ces philanthropes qui font bien en cachette tant qu'ils sont sûrs que l'aurore éclairera le bien qu'ils ont fait dans la nuit.

Souvent, enveloppé d'un grand manteau qui, par une habile manœuvre, couvrait ou découvrait son visage, de manière à ce qu'il demeurât inconnu tout en étant reconnu, il visitait la demeure des pauvres.

Mais toujours un accident, une maladresse, une distraction, découvrait ce noble visage, juste au moment où il était le plus important qu'il restât couvert.

Il en résultait que, le lendemain, bien à son insu, bien malgré lui, les pauvres publiaient, la ville répétait la bonne action que l'incorrigible comte de Lobeden avait encore, au risque de faire des ingrats, commis la veille.

Alors, il jurait par tous les dieux de se corriger de cette bienfaisance, qui chez lui était un vice de nature. Mais le serment à peine fait, son bon cœur le poussait à oublier ce serment.

Peut-on commander à son bon cœur?

La veille où Lips s'était décidé à recourir au comte, au milieu de la rue, sur la place la plus fréquentée de la ville, un dimanche, jour où tout le monde était dehors, une femme et ses trois enfants s'étaient jetés à ses pieds en criant:

— Voici notre sauveur!

Alors, le comte s'était enfui en grinçant des dents, et avait juré que cela ne lui arriverait plus jamais.

Le serment était donc tout frais de la veille, quand Lips sonna à sa porte.

Lips fut introduit sans retard, et trouva le comte aux mains de son dentiste.

Le comte, pris par la mâchoire, commença tout d'abord par exprimer son désespoir de ce qu'il ne pouvait embrasser son cher Lips.

Il n'y avait pas moyen de parler d'affaires devant un étranger; mais par bonheur, le comte parlait couramment l'anglais; de son côté, Lips était familier, comme on l'a vu par son appréciation de l'*Essai sur l'Homme,* avec la langue de Walter Scott et de Byron; ce fut donc en anglais que Lips exposa à son ami le motif de sa visite.

Pendant quelque temps Lips put attribuer les grimaces du comte à l'œuvre du dentiste et à la douleur que faisait éprouver à la mâchoire de son ami le froid contact de l'acier. Mais, par-ci par-là, en se rinçant la bouche, le comte commença de lui dire qu'il avait prêté tout son argent à un homme qui était devenu son ennemi, comme tous ceux, au reste, qu'il avait obligés.

Il suppliait Lips de ne pas mettre au jour cette nouvelle faiblesse de son organisation, qui ne lui permettait jamais de refuser un service quand on le lui demandait.

— Mon cœur saigne, ajouta-t-il dans un moment où le dentiste lui permettait de parler, mon cœur saigne, mon cher Lips, de ne pouvoir vous être utile.

Et son cœur saignait si douloureusement que ses lèvres oublièrent de faire cette réponse en anglais.

Lips commençait à avoir de l'expérience. Il prit son chapeau et sortit.

Puis, arrivé chez lui, le cœur glacé, il prit

le feuillet, le déchira et le jeta au feu après l'avoir relu en s'écriant :

— Tu luis éternellement au ciel, soleil, amour divin ; mais l'amitié humaine, comme la froide et pâle lune, n'est plus que le cadavre d'un astre éteint.

XIII

Aussi tout est-il froid et obscur sur la terre !

Après avoir fait encore quelques essais semblables à ceux que nous venons de mettre sous les yeux de nos lecteurs, Lips sentit un terrible découragement s'emparer de son cœur.

Aussi, en rentrant d'une dernière course infructueuse comme les autres, ne fut-ce plus le feuillet qu'il prit pour le livrer aux flammes, mais l'album tout entier.

Il en arracha l'enveloppe, car pour en ménager la magnifique reliure, Lips avait enveloppé l'album dans un journal ; mais alors tomba un papier qui, indigne de faire partie de l'album, avait été relégué entre la reliure et la couverture.

Lips ramassa le papier et lut les quatre vers suivants :

Je n'eus jamais d'amis, et n'en veux point avoir.
Dans ce monde il n'est pas un seul être que j'aime ;
Mon propre amour de moi comble tout mon espoir,
Car aucun ne saura m'aimer mieux que moi-même !

THÉODORE-FRANTZ STURZHEIM.
Autrement dit MÉPHISTOPHÉLÈS.
Autrement dit SAMIEL.

Sturzheim avait été le camarade de collége de Lips, et au collége on l'avait surnommé Samiel, à cause de ses cheveux rouges comme du feu, de son nez pointu comme une aiguille, de son visage labouré par la petite vérole, de sa bosse ronde comme une marmite, et de toute sa personne penchée comme la tour de Pise.

Et cependant, quand cette difforme ébauche de l'homme parlait, il y avait dans sa voix un accent si ravissant, si suave, si doux, qu'on aimait à l'entendre parler, — quitte à l'écouteur de fermer les yeux tandis que parlait celui qui s'appelait Sturzheim, et que l'on surnommait tantôt Méphistophélès, tantôt Samiel.

La fille d'un peintre, une jeune et jolie personne, avait éveillé dans le cœur du pauvre garçon une passion ardente ; mais le moyen de se faire aimer avec une pareille figure et une pareille taille.

Les amis du pauvre Sturzheim se moquaient de lui ; Sturzheim avait des amis, mais pour se moquer de lui, comme vous voyez ; les amis du pauvre Sturzheim se moquaient de lui, disant qu'il s'était offert à son beau-père comme modèle, et que c'était lui qui avait servi de modèle à l'Endymion caressé par Diane, que le peintre avait exposé au dernier salon.

Sturzheim, accablé de dégoûts, s'était arraché l'image de la jeune fille du cœur, et il prétendait s'être arraché le cœur en même temps que l'image.

Au reste, il ne se faisait pas illusion, le pauvre jeune homme, sur sa laideur ; il se regardait comme l'épigramme la plus sanglante, comme le sarcasme le plus amer que Dieu ait jamais fait contre l'humanité ; aussi toutes ses paroles, toutes ses actions étaient-elles empreintes du cachet de la plus sombre misanthropie. Il se moquait incessamment de l'amour, de l'amitié et, malgré son immense fortune, ne souscrivait à aucun acte de bienfaisance, à aucune collecte philanthropique, augmentant encore la sécheresse de son refus par de brutales paroles. On ne sera donc pas étonné que, mis en contact avec un caractère si opposé au sien, Lips eût relégué entre la couverture et la reliure du livre les vers qu'il avaient écrits dans son album, les jugeant indignes de figurer près des protestations amicales du baron Balderstein, de la vicomtesse de Bistritz et du comte de Lobeden.

Mais désillusionné, non seulement sur le compte des trois amis que nous venons de nommer, mais encore sur celui de quelques autres, Lips se mit à relire pour la seconde fois les quatre vers du misanthrope et égoïste Sturzheim.

<blockquote>
Je n'eus jamais d'amis, et n'en veux point avoir.
Dans ce monde il n'est pas un seul être que j'aime ;
Mon propre amour de moi comble tout mon espoir,
Car aucun ne saura m'aimer mieux que moi-même.
</blockquote>

— Ah ! oui, s'écria Lips, Samiel a raison ; celui-là au moins m'épargne la peine d'aller le trouver.

Il prit le papier pour le brûler, comme il avait fait des autres, mais au moment où il l'approchait de la bougie on heurta violemment à la porte.

—Entrez! cria Lips.

Un homme entra.

C'était Sturzheim.

— Tiens! dit-il, te voilà donc devenu fabricant de feux d'artifice?

Lips le regarda. L'apparition était si étrange dans un pareil moment, qu'il ne trouva pas une parole à lui dire.

— Ah! ah! continua Sturzheim en regardant les feuillets de l'album qui flambaient à qui mieux mieux, tu brûles tes amis en effigie. Quel est mon sort à moi? ne suis-je déjà plus que cendres?

Lips se taisait toujours.

Samiel, comme on l'appelait parfois, s'avança vers lui, jeta un regard sur le feuillet qu'il tenait à la main, et reconnaissant que c'était le sien, le lui arracha, et l'approchant du feu, il l'alluma par l'angle le plus éloigné de ses doigts.

Lips était déjà assez maussade. L'action de Samiel n'était pas faite pour calmer sa mauvaise humeur.

— Monsieur Sturzheim, lui dit-il assez rudement, puis-je savoir ce qui me procure l'honneur de votre visite?

— Honneur ! s'écria Samiel en riant : ah ! par ma foi, le mot est bien trouvé. Ami Lips, voilà ce qui est arrivé : Tu t'es trouvé dans le malheur, et tu as eu recours à tous tes amis, lesquels, comme si tu eusses éternué, se sont contentés de te dire : « Dieu vous bénisse. » Mais, vois-tu, si, au lieu de faire cela, un soir à minuit, tu t'étais placé sur un chemin bifurqué ou dans le carrefour d'une forêt, et, arrivé là, tu t'étais écrié : « SAMIEL ! A MOI, SAMIEL ! » comme Max s'écrie dans le *Freyschüts*, qui sait si un démon quelconque ne serait pas sorti de terre pour venir à ton secours?

Lips le regardait, ne sachant pas s'il plaisantait ou non, et en somme, assez embarrassé de la contenance qu'il devait prendre.

— Il est vrai que l'on dit, continua Samiel, que des yeux rouges, une bosse de dromadaire et un regard fauve sont autant de défenses mises à une porte pour dire : « Ne frappez pas ici, car on ne vous ouvrira point. » Mais cependant, il peut se trouver certains cas où les cheveux rouges sont l'écarlate symbole d'un caractère élevé, où une bosse n'est que la cloche posée sur l'asperge trop tendre pour soutenir l'influence du soleil, où des yeux fauves...

Lips, vivement impressionné par l'accent harmonieux de la voix de Samiel, leva sur lui un regard à la fois si tendre et si douloureux que celui-ci n'eut pas le courage d'achever sa phrase.

— Eh bien! non, dit-il, allons droit au fait, Samiel vient à toi, puisque tu n'as pas été à Samiel, et Samiel vient à toi pour t'offrir son secours; et cela sans que tu aies besoin de te percer la veine du bras gauche pour t'engager avec le sang de ton cœur. Allons, frappe dans ma main, Lips, frappe!

Et il tendit sa main à Lips.

Lips hésita.

Sturzheim devint pâle de douleur,

Puis avec un soupir :

— Qui donc de nous deux est Méphistophélès! s'écria-t-il; est-ce toi, dis, beau et blond jeune homme, qui repousses le cœur et refuses le bien d'un honnête garçon? ou moi, le rouge fils de la marâtre nature, qui veut partager son cœur et son bien avec un homme qui, pour tout remercîment, me pousse froidement le poignard du mépris jusqu'au fond du cœur.

— Parle, Samiel, parle !

Lips saisit la main de Sturzheim.

— Allons donc, dit Sturzheim en l'attirant sur son cœur, maintenant tu es à moi, mais à une condition cependant.

— Laquelle, demanda Lips.

C'est que tu quitteras une ville où, parmi tous tes amis, tu n'as pas trouvé un seul Samiel.

— Ah ! bien volontiers ; mais Élodie, mais ma mère, mais mes sœurs, mais mon voisin Jules Knoepflein ?

— Tout cela viendra avec toi, et d'autres encore, si tu veux en emmener d'autres.

— Et où irons-nous ?

— Dans mes propriétés de Styrie, qui rapportent cent cinquante mille thalers de rente, et qui, dirigées par toi, en rapporteront trois cent mille.

XIV

Lips suivit machinalement Sturzheim, qui

l'entraîna doucement dans la petite chambre d'Élodie.

Ah ! qui ne t'a pas connue, douce volupté des larmes ? Tu es la compagne de l'amour, la consolation de la douleur, le médecin de la mélancolie, l'interprète de la pitié, la ménagère de l'enthousiasme et le secret aveu d'une poignante résignation !

C'étaient ces dernières larmes qui brillaient dans les yeux d'Élodie quand Sturzheim entra conduisant Lips.

— Patience ! murmurait la jeune fille se rappelant les paroles de son pauvre père, patience !

— Nous voilà, dit Sturzheim en faisant passer Lips devant lui et en le poussant vers Élodie étonnée.

Les yeux d'Élodie demandèrent clairement au jeune homme :

— Cher Lips, que signifie ce qui nous arrive ?

— Cela signifie, chère bien-aimée, répondit Lips, qui avait l'habitude de lire jusqu'au fond de la pensée de la jeune fille, cela signifie qu'un ami est venu à moi, pareil à un phénix sortant de la cendre de mes autres amis. Je l'avais méconnu ; mais cette pierre de touche qu'on appelle l'heure du besoin l'a éprouvé, et j'ai vu qu'il était d'or pur.

Puis regardant Sturzheim avec un regard de profonde reconnaissance :

— Élodie, continua-t-il, celui que tu vois là vient nous offrir à tous le bonheur.

Et alors Lips raconta à Élodie l'offre que venait de lui faire Sturzheim ; et comment ils allaient, Sturzheim, lui Lips, elle Élodie, Mme Kaeutzlein, ses deux filles et jusqu'au voisin Jules Knoepflein, son violon et jusqu'à ses animaux empaillés, partir pour la Styrie.

Et les larmes de la résignation qui brillaient dans les yeux d'Élodie devinrent des larmes de reconnaissance.

Le lendemain, toute la caravane se mit en route, et les deux plus beaux anges du Seigneur, l'ange de l'Amour et l'ange de l'Amitié, envoyés par lui, marchaient devant elle pour lui servir de guide et de protecteur pendant le voyage.

Comment je fis connaissance avec mon ami Saphir

Vous me demandez, cher lecteur, comment j'ai connu mon ami Saphir : laissez-moi pour cela vous dire quelques mots sur la fleur de l'Andalousie, sur le papillon de Grenade, sur l'abeille de Séville, la reine de la danse espagnole, sur la Petra Camara, en un mot, ou plutôt en deux.

La Petra Camara est une de mes vieilles et excellentes amies. J'ai comme cela une foule de vieilles amies de vingt-deux ans que je connais depuis un lustre, ainsi qu'on dit encore à l'Académie, et même hors de l'Académie, quand on est atteint de l'étrange désir d'y entrer.

Or, il y a juste un lustre que je connais la Petra; elle avait dix-sept ans.

Je ne suis pas bien sûr que ce ne fût pas seize.

C'est le plus adorable colibri qu'il y ait de Ceylan à Cachemire ; c'est le plus chatoyant oiseau de Paradis qu'il y ait de Bombay à Chandernagor !

Voyez les yeux, voyez les pieds, voyez la taille, et, quand vous aurez vu tout cela, doutez comme saint Thomas, et surtout tâchez de toucher.

Malheureusement on ne touche point la Petra.

Attendez, je vais essayer une chose : le soir même où je fis connaissance de ma belle amie, j'écrivis à une autre dame de mes amies, l'œil encore tout ébloui, les nerfs tout frémissants, le cœur tout agité, une longue lettre sur elle et ses deux compagnes, Anita et Carmen ; je vais chercher cette lettre, ou plutôt la copie de cette lettre, et vous la coudre ici avec le cachet de Suzanne, c'est-à-dire une épingle.

Dieu veuille que je retrouve la copie de cette lettre, il y a des choses que l'on n'écrit pas deux fois.

Bon, la voici. Ecoutez :

10 décembre 1817.

Excusez-moi, Madame, mais je ne vais vous

parler aujourd'hui que de grands yeux noirs et de petits pieds.

Vous devinez que je suis à Séville.

C'est que décidément je deviens passionné pour la danse.

Je n'aurais jamais cru cela en voyant les ballets de l'Opéra! — Ah! c'est que les ballets de l'Opéra, Madame, sont des ballets, tandis que les danses espagnoles sont des danses, et quelles danses!

Des poèmes tout entiers joués, non seulement avec les jambes, mais encore avec les yeux, avec les bras, avec les lèvres, avec les mains, avec les pieds, avec tout le corps.

Il y a à Séville, Madame, trois créatures que j'appellerais des anges si je ne les soupçonnais pas d'être des démons! trois incubes qui eussent bien certainement damné saint Antoine si elles eussent vécu du temps de saint Antoine, ou si saint Antoine eût vécu du nôtre.

On les nomme PETRA, ANITA et CARMEN.

Jamais trinité n'eut, je vous le jure, d'aussi fervents adorateurs que la trinité dansante que je viens de vous nommer.

Ce sont des yeux et des pieds comme je n'en ai rencontré nulle part.

Les yeux, il faut les voir : toutes les comparaisons sont usées pour donner une idée de ces yeux-là : les étoiles sont voilées, les escarboucles sont ternes, les diamants sont pâles.

Quant aux pieds, Madame, ils tiendraient tous deux dans une des pantoufles de Cendrillon ou de Déjazet.

Oh ! les pieds des Andalouses, je ne vous en ai pas encore parlé ; mais c'est qu'en vérité cela n'existe point ! En revanche les Andalouses parlent fort des pieds français et anglais ; il n'y a pas de plaisanteries qui n'aient été faites sur les souliers de nos femmes : on en confectionne des bateaux dans lesquels des familles entières descendent le Guadalquivir de Séville à Cadix, puis on les revend aux selliers pour en faire des étriers de picadores.

Il va sans dire que j'ai voulu voir de près ces pieds et ces yeux-là. Je suis passé de la salle sur le théâtre, où, sauf les eunuques, j'ai été reçu comme un sultan dans son harem. Cela m'a encouragé à prendre la main de Petra et à essayer de la lui baiser ; mais il paraît que cette action, fort simple en France, est tout bonnement une énormité en Espagne ; Petra a poussé un cri, et il s'est trouvé qu'au lieu d'avoir sa main sous les lèvres, je l'avais sur la joue !

Voilà comment nous fîmes connaissance Petra et moi.

Pardon, Madame, mais j'ai oublié de vous dire une chose : c'est que ces dames sont d'une vertu féroce. Ah! cette fois, par exemple, c'est aux Françaises à se moquer d'elles!

Quand vous saurez surtout pour qui l'on garde si soigneusement cette sagesse, cela vous fera pitié; chacune de ces dames a un fiancé qui *plume la dinde* avec elles; j'en demande pardon à votre susceptibilité amoureuse, mais, ici, *plumer la dinde* signifie venir sous le balcon, donner des sérénades, échanger des œillades à travers les barreaux. Ce fiancé (sur les bords du Guadalquivir, ce fiancé s'appelle un *novio*), ce fiancé est quelque garçon tailleur, quelque bottier en chambre, qui à propos de guêtres ou de gilets, trouve le moyen de se glisser au théâtre, et qui, une fois dans les coulisses, garde son trésor comme feu Argus gardait celui de Jupiter. Seulement, Argus gardait Io pour le compte de Junon, tandis que nos Argus, à nous, fonctionnent pour leur propre compte, ce qui les rend bien plus vigilants et bien plus terribles.

Vous comprenez, Madame, avec mes habitudes parisiennes, quelle perturbation je venais jeter au milieu de ces amours bucoliques; je baisais comme cela une main à première vue, c'est-à-dire que j'escroquais une faveur qui ne s'accorde, en général, au *novio* qu'au bout de dix-huit mois ou de deux ans!

Cependant le calme se rétablit bientôt; on se demanda quel était ce grand mal-appris qui venait de faire une chose que, de mémoire de danseuse, on n'avait jamais vu faire.

Il fut répondu que c'était un Français, ce qui commença à rendre l'inconvenance plus excusable.

Puis on ajouta que ce Français s'appelait Alexandre Dumas, ce qui la fit excuser tout à fait.

Alors ce fut la Petra qui, se rapprochant de moi toute souriante, me présenta, non pas sa main, mais son front, en disant :

— Pour l'honneur.

Je l'embrassai en répondant :

— Pour le plaisir.

C'est une belle fable que les moutons de Panurge, surtout quand elle se fait histoire : après Petra vint Anita, après Anita Carmen.

Anita me présenta son front, comme Petra, mais l'homme propose et Dieu dispose : je rencontrai les deux joues.

Carmen me présenta son front, comme Anita,

mais le diable est bien fin, et ce ne furent ni le front, ni les joues de la belle enfant que je rencontrai, ce furent ses deux lèvres.

Cette opération terminée, je me mis à causer tant bien que mal avec ces deux dames, et à leur faire des compliments qu'elles daignèrent recevoir.

Pendant que je causais ainsi il est évident qu'il se machinait quelque chose à mon endroit.

Un de nos compatriotes qui habite Séville, et qui avait bien voulu se charger d'être notre cicérone, s'approcha de moi, et, me montrant tout un cercle de jeunes gens dont les yeux avaient étincelé à mon inconvenance, mais s'étaient adoucis à mon nom :

— Mon cher ami, me dit-il, voici ce qui vient d'être décidé entre ces messieurs et moi : nous vous donnons un bal.

— A moi ?

— Oui, à vous.

— Je ne comprends pas très-bien.

— C'est-à-dire que nous nous chargeons d'obtenir de ces dames qu'elles dansent pour vous.

— Où cela ?

— Dans un salon... Nos danses de théâtre sont charmantes, vous le croyez du moins ; mais ce sont nos danses de salon qu'il faut voir.

— Et je les verrai ?

— Laissez-nous faire.

— Mon cher Buisson, vous êtes ma Providence en ce monde.

— Remerciez qui de droit.

Et Buisson, en se retirant, démasqua le groupe des jeunes gens vers lesquels je m'avançai pour les remercier.

C'était en effet chose convenue entre eux ; il ne s'agissait plus que d'obtenir l'assentiment de ces dames.

Dix minutes après, tout était conclu, arrêté, décidé, le bal avait lieu le lendemain au soir.

Ce bal devait être composé, en femmes, de Petra, d'Anita et de Carmen, et en hommes, de tous les jeunes gens de la ville, plus nous.

On ne dansait pas le lendemain au théâtre : on ne danse que quatre fois par semaine à Séville ; cela tombait donc à merveille : le bal pourrait commencer à neuf heures.

La réunion avait lieu dans une espèce de café qui nous avait abandonné son premier étage. Ce premier étage se composait d'une grande chambre séparée en deux au plafond par une grosse poutre. La chambre était carrelée de carreaux rouges pour tout plancher, blanchie à la chaux pour tout ornement.

Quatre quinquets fumeux éclairaient cette pièce. Un Bohémien, sa guitare sur un genou, un fragment de cigare à la bouche, composait tout l'orchestre.

Quand j'arrivai la salle était déjà pleine, l'aspect en était triste.

Autrefois pour de semblables réunions le costume national, dans toute son intégrité, était de rigueur; il se composait de la veste et du gilet brodés, du chapeau à pompon, de la culotte à rebords de velours, de la guêtre ouverte et des bas à coins brodés visibles par les ouvertures de la guêtre. Mais que voulez-vous, Madame, nos affreux pantalons et nos bottes vernies, comme la cocarde tricolore de Lafayette, sont en train de faire le tour du monde. Ils sont entrés à Séville et ont conquis, dans cette patrie de Don Juan, leur droit de bourgeoisie; de sorte que le costume national s'en va par en bas! ce sont d'abord les guêtres brodées qui ont été remplacées par les bottes, puis la culotte qui l'a été par le pantalon. Aujourd'hui la grande mode à Séville c'est d'être Français depuis la semelle de la botte jusqu'à la ceinture, et Andalous depuis la ceinture jusqu'au pompon du chapeau.

En somme, c'est fort laid. Dans les guêtres et la culotte gisait tout le pittoresque, c'est-à-dire toute la distinction du costume. L'homme le plus distingué avec le chapeau, le gilet, la veste et la ceinture andalous, joints au pantalon français et à la botte française, a l'air d'un affreux cocher de fiacre.

Comme je l'ai déjà dit, l'aspect de cette assemblée était triste. Tous les jeunes gens, si bien qu'ils fussent partagés en cheveux et favoris, avec leurs vestes brunes, leurs chapeaux ronds et leurs pantalons noirs, faisaient un mauvais effet sur ces murs blancs à la pauvre lueur de ces quinquets.

Mais au milieu d'eux se détachaient comme trois points lumineux, comme trois étoiles scintillant dans un ciel sombre, les trois reines de la soirée, Petra, Anita et Carmen. Leurs basquines de gaze blanche, leurs corsets noirs ou bleus brodés d'or ou d'argent, leurs coiffures en paillettes à franges mouvantes, faisaient merveille en renvoyant la lumière.

Elles avaient leurs mantes sur les épaules et attendaient, accompagnées de leurs mères, de leurs sœurs, de leurs *novios*, le moment de danser.

Quand tout le monde fut arrivé, ou à peu près, les premiers sons de la guitare se firent entendre. Carmen se leva sans attendre aucune prière, jeta sa mante aux mains de sa mère, et s'avança, avec ses pieds imperceptibles et ses petits souliers de satin, sur le carreau brutal, au milieu d'un cercle qui pouvait avoir huit pieds de diamètre à peine. Les spectateurs du premier rang étaient à peu près couchés, les autres étaient assis, les autres montés sur les chaises; de sorte que la salle ne présenta plus que la configuration d'un vaste entonnoir de têtes, les dernières touchant le plafond, les premières étant à hauteur du genou des danseuses.

Je dois dire que ces têtes-là n'étaient pas les plus mal placées.

La danse de Carmen n'était qu'un prélude : la pauvre enfant avait quinze ans à peine; c'était la plus jeune et la moins forte des trois, et on l'avait lancée en avant comme un ballon d'essai.

Aussi l'enthousiasme fut-il modéré.

Anita se leva, deux ou trois voix crièrent : *El Vito! El Vito!* Je criai comme les autres sans savoir le moins du monde ce que je demandais.

Anita s'avança au milieu du cercle.

Si j'ignorais ce que c'était que le Vito, Madame, aux premières mesures de la guitare, aux premières notes du musicien, j'appréciai cette danse, et à sa valeur, je vous en réponds!

Le Vito est un trépignement qui commence avec la nonchalance d'une femme qui s'ennuie, qui s'augmente avec l'impatience d'une femme qui s'irrite, et qui redouble enfin avec la fureur d'une femme en délire.

Ce trépignement a quelque chose de convulsif; on comprendrait que la danseuse tombât morte à la fin d'une pareille danse.

Cette danse est indescriptible, rien ne peut en donner l'idée, ni la plume, ni le pinceau; la plume n'a point la couleur, le pinceau n'a point le mouvement : ces cambrures de reins, ces renversements de tête, ces regards de flamme qui n'appartiennent qu'à ces filles du soleil qu'on appelle les Andalouses, ne peuvent se raconter ni se peindre. Puis, il y a cela de remarquable qu'on aura peine à croire dans nos climats du Nord et de l'Occident, et qu'il faudra bien que vous reconnaissiez, Madame, quand le brillant mirage passera devant vos yeux; c'est que tous ces mouvements étranges, inouïs, inconnus pour nous, sont voluptueux sans être libertins, comme une statue antique est nue sans être indécente.

Anita dut être contente, son succès fut grand; tous les chapeaux furent jetés à ses pieds, ce qui est une façon d'applaudir très-expressive. Une façon de remercier de la part de la danseuse est d'en choisir un au milieu de la collection et de le fouler de ses petits pieds dans un trépignement fébrile et plein de rage canine ou féminine, ce qui se ressemble beaucoup.

Celui dont la danseuse foule le chapeau est roi.

Fidèle aux lois de l'hospitalité, Anita dédaigna tous les chapeaux au profit du mien.

Elle bondit dessus et le foula jusqu'à ce qu'il eût la forme d'un gibus aplati.

C'est la suprême galanterie de la danseuse espagnole; c'est ce qu'elle peut faire de plus coquet en faveur d'un homme qui lui est étranger, ou d'un homme qui ne le lui est pas.

Le Vito était achevé. Anita recueillit les hommages et les applaudissements de la société. La flatterie qui paraissait lui plaire le plus, c'est quand on lui disait qu'elle était salée. — *Salada!*

Je lui donnai à mon tour cette épithète, n'ayant pas d'autre moyen de m'acquitter envers elle.

Pendant ce temps Petra se préparait. Plus tôt elle attirerait l'attention générale, plus le règne de sa rivale serait court.

D'ailleurs, avec une modestie remarquable, les deux autres danseuses, qui reconnaissaient, chose merveilleuse, la supériorité de Petra, lui avaient laissé la place d'honneur, c'est-à-dire le point culminant, le couronnement de ce charmant édifice chorégraphique.

Toutes les voix crièrent: *El'Ole! El'Ole!*

Si j'avais crié: *El Vito!* je criai bien autrement: *El'Ole!*

L'Ole, Madame, est une de ces danses que la censure espagnole ne permet point de danser au théâtre; — c'est l'état de tout censeur de retrancher, dans ce qui passe sous sa juridiction, tout ce qui s'y trouve de vraiment beau, de vraiment original.

Heureusement, nous étions chez nous; heureusement nous échappions aux ciseaux de messieurs de la censure : Petra, Anita et Carmen, ces charmants oiseaux du soir, venaient à nous avec toutes les plumes de leurs ailes.

Eh! mon Dieu! Madame, ce n'est pas qu'on puisse rien reprocher à cette pauvre danse; ce qui effarouche la pudibonde susceptibilité de MM. les censeurs, ce n'est point tel ou tel écart de jambes, tel ou tel entrechat risqué, tel ou tel jeté-battu dangereux ; non, ce qui fait le charme de cet exercice, c'est tout un ensemble de mouvements fiers et voluptueux à la fois, provoquants surtout au delà de toute expression, et auxquels il est impossible cependant de reprocher aucune luxure; c'est l'air sur lequel ces mouvements se font; c'est le chant accentué de sifflements aigus, comme des respirations de serpents amoureux, qui les accompagne ; c'est ce parfum âcre et enivrant des danses nationales telles que les rêvent les peuples primitifs avant que viennent les polluer les doigts de rose de MM. les maîtres de ballet ; c'est la Pyrrhique grecque, la Chica indienne; c'est enfin quelque chose de grisant au suprême degré, même pour les Espagnols, qui voient de pareilles danses cinq ou six fois par an, et qui non seulement ne s'en lassent pas plus que des courses de taureaux, mais encore les revoient toujours avec un nouvel enthousiasme.

Ainsi, jugez de l'effet que font de pareilles danses sur un étranger.

Alors je vis se renouveler ce phénomène d'exaltation qui m'avait déjà frappé au cirque des taureaux : c'étaient des bravos, c'étaient des cris comme vous n'en avez jamais entendu aux jours de nos plus grands succès, contre lesquels d'ailleurs protestent toujours quelques-uns, ne fussent que nos amis intimes. Cinquante chapeaux roulaient aux pieds de la danseuse dans cet étroit espace, et celle-ci, avec une adresse charmante, comme la Mignon de Goëthe au milieu de ses œufs, celle-ci bondissait au milieu de toute cette chapellerie sans la toucher.

— Cette danse est ravissante, Madame, et Petra

merveilleuse, en ceci surtout que l'Ola n'est point une danse et Petra une danseuse à la manière dont nous l'entendons, mais c'est tout un poëme. Je ne sais rien de plus triste que nos danseuses à nous, qui bondissent avec une fatigue visible, malgré le sourire éternel attaché comme avec des épingles aux deux coins de leur bouche, et dont le constant effort est de dépasser en hauteur d'une ligne ou d'une demi-ligne les souvenirs laissés par Taglioni ou par Ellsler ; car nos danseuses à nous ne dansent que des jambes, et quelquefois, par hasard, des bras. Mais en Espagne, c'est bien différent : la danse est un plaisir pour la danseuse elle-même; aussi danse-t-elle avec tout le corps : la tête, les yeux, le cou, le sein, les bras, les reins, tout accompagne et complète le mouvement des jambes. La danseuse piaffe, bat du pied, hennit comme une cavale en amour, miaule comme une tigresse, rugit comme une lionne. Elle s'approche de chaque homme, s'en éloigne, s'en approche encore, le chargeant de ce fluide magnétique qui jaillit à flots de son corps échauffé par la passion.

Alors, vous comprenez, Madame, ces hommes qui sentent s'approcher d'eux cette vivante effluve du plaisir, ces hommes gagnent la fièvre de la danseuse, la partagent, tremblent, frémissent, rugissent comme elle, et rejettent à leur tour en bravos et en applaudissements ces cris qui les enivrent, cette flamme qui les brûle. On parle des rêves de l'opium et des divagations du hachich ; j'ai suivi les uns et éprouvé les autres ; eh bien ! Madame, rien de tout cela ne ressemble au délire des cinquante ou soixante Espagnols applaudissant la Petra dans le grenier d'un café de Séville.

Une des plus gracieuses figures de l'*Ole* est celle-ci, ou plutôt cette figure est toute la danse.

Petra prenait un chapeau d'homme à la main ; ce chapeau, c'est celui du premier venu : le prendre ou l'accepter n'est d'aucune importance ; la danseuse le prend au spectateur qui se trouve le plus rapproché d'elle au moment où elle s'élance, ou bien indifféremment elle l'accepte de lui. — Ce chapeau...... Mais avant tout, Madame, ne point confondre la forme coquette du *sombrero* andalous avec la forme de nos chapeaux parisiens. Ce chapeau, elle commence à s'en coiffer de toutes les façons possibles : sur le côté, comme un petit-maître du Directoire ; en arrière, comme un Anglais ; sur le front, comme un académicien de mauvaise humeur qui vient de voir entrer, malgré son vote négatif, un homme de talent à l'Académie.

Petra tenait donc ce chapeau, dont elle se coiffait de toutes les façons ; puis, de temps en temps, elle ôtait le chapeau de sa tête, et s'avançait comme pour le mettre sur la tête de l'un de nous ; mais au premier mouvement que celui qui paraissait favorisé faisait au devant de cette faveur, Petra se tournait sur elle-même, et, d'un bond, se trouvait de l'autre côté du cercle, faisant la même coquetterie à un autre qui devait être trompé comme son devancier ; et à chaque tromperie du genre de celle-là, Madame, c'étaient des cris, des rires, des applaudissements à faire crouler la salle, ce qui était justice, car jamais abeille, jamais papillon, jamais sphinx effleurant du bout de sa trompe les fleurs d'un parterre, n'a volé de l'une à l'autre avec plus d'agilité, de grâce et d'inattendu que Petra.

Comme j'étais le roi de la fête, ce fut sur ma tête que vint se poser mon chapeau, à mon grand embarras, je dois le dire, car que faire pour remercier une danseuse à qui l'on ne peut pas même baiser la main ?

Lui dire qu'elle est *salée ?* c'est ce que je fis, en ajoutant un superlatif de ma façon. Dans ce sens, en effet, Petra était bien la personne la plus salée que j'eusse vu de ma vie.

Il y eut une pause. On eût dit qu'après le Vito

et l'Olé tout était épuisé. On apporta des rafraîchissements.

Ces bals, le plus grand honneur qu'on puisse faire à l'étranger à qui on les offre, ces bals, qui ne se renouvellent pas quatre fois par an, et pour lesquels nos fils de famille feraient toutes les folies de la terre, ces bals, il faut le dire, sont d'une simplicité primitive. J'ai déjà parlé du local et j'ai essayé de le décrire ; quant aux rafraîchissements, ils se composent tout uniment d'une douzaine de bouteilles d'excellent vin de Montilla, que l'on boit à trois ou quatre au même verre.

Cette simplicité qui vous fait sourire, Madame, avait quelque chose de charmant et de fraternel. Peut-être avions-nous à notre droite quelque riche hidalgo pouvant consacrer cent louis, deux cents louis, cinq cents louis à une soirée ; mais aussi peut-être avions-nous à notre gauche quelque pauvre gentilhomme pour lequel un douro était l'existence de deux ou trois jours. Eh bien ! à cette fête nationale chacun pouvait assister sans le regret du lendemain ; riche hidalgo et pauvre gentilhomme, chacun pouvait prendre sa part des doux sourires semés par nos charmantes fées et tombant de leurs lèvres comme les perles ruisselant du manteau de Buckingham;

chacun pouvait respirer cet air brûlant tout chargé d'amour et de volupté.

J'avais bu mon verre de Montilla comme les autres, tout en regardant Petra tremper ses lèvres dans le sien, quand je la vis remettre son verre effleuré à peine aux mains de son voisin qui me l'apporta.

— De la part de Petra, me dit-il.

Je regardai Buisson pour lui demander ce qu'il fallait faire.

— Buvez, me dit-il, c'est une galanterie que vous fait Petra.

Je saluai et je bus sans me faire prier ; c'était une preuve d'ailleurs que Petra avait oublié mon inconvenance de la veille, et que si elle ne l'avait point oubliée, elle me la pardonnait.

Petra me remercia des yeux. — Si vous voyez jamais les yeux de Petra, vous avouerez, Madame, que ce sont les plus beaux yeux de gazelle effarouchée qu'il y ait au monde.

Cinq minutes après, on m'apporta un autre verre de la part d'Anita ; elle me faisait la même grâce que Petra, j'y répondis de la même manière.

Enfin, ce fut le tour de Carm..a ; mais la belle enfant n'avait pas encore une cour assez nombreuse pour en détacher des messagers et des ambassadeurs ; — elle l'apportait elle-même.

— Faites-moi, me dit-elle, le même honneur que vous avez fait à Petra et à Anita, quoique je n'aie point le même talent qu'elles.

Je lui pris le verre et un peu la main avec le verre.

Je bus ce qu'il contenait et je le lui rendis.

— Maintenant, dit-elle, je garderai ce verre toute ma vie !

Et elle alla reprendre sa place.

Je vous raconte cela avec la même simplicité que la chose fut faite et que les paroles furent dites.

L'heure du souper était arrivée ; on avait dressé trois tables ; chacune devait être présidée par une de nos danseuses.

Petra se leva et vint prendre mon bras.

Je la conduisis ou plutôt je me laissai conduire par elle.

Nous prîmes place ; nous étions trente à peu près.

La table était longue et fort simplement servie. En Espagne, le repas est une espèce de devoir que l'on accomplit pour sa conservation personnelle, et jamais un plaisir. La table ne porte donc généralement en mets et en vins, que ce qui est strictement nécessaire à apaiser l'appétit et à étancher la soif.

Pour tout rafraîchissement, Petra, Anita et Carmen avaient trempé leurs lèvres dans leurs verres ; pour toute nourriture, elles se contentèrent de béqueter deux ou trois plats, à la manière des oiseaux dont elles semblaient avoir les ailes.

Le souper était d'une gaîté, d'un entrain, d'un bruyant dont on n'a aucune idée, et cependant chaque convive avait à peine bu le quart d'une bouteille.

Les uns chantaient une guitare à la main, les autres disaient des vers ; grâce à cette belle langue castillane, en Espagne comme en Italie, tout le monde est poète.

C'étaient des vers à Petra, la reine de la soirée ; c'étaient des madrigaux, des sonnets, des odes ; c'étaient des éloges, des comparaisons, des métaphores ; c'étaient des applaudissements, des bravos, des cris qui rendaient le vin inutile, qui suffisaient pour enivrer ceux qui louaient et celle qu'on louait, et qui pareils à une douche éblouissante de bruit, de lumière et de poésie, rejaillissaient de la tête et des épaules de Petra sur celle de ses deux compagnes.

Cet enthousiasme et ce fanatisme allaient

croissant; j'ignorais jusqu'où ils nous mèneraient, quand tout à coup vingt voix crièrent :

— Petra, Petra, le Vito ! le Vito ! *Petra sur la table !*

Tout cela eût été assez inintelligible pour moi, si la traduction n'eût pas suivi le texte, l'action la parole.

Petra ne se fit point prier. — Ah ! Madame, quel charmant exemple, sous ce rapport, les Andalouses donnent aux Françaises ! Petra monta sur sa chaise et de sa chaise sauta sur la table, comme un bengali saute d'une branche à l'autre.

A l'instant même, assiettes, verres, bouteilles, couteaux, fourchettes, furent écartés des petits pieds chaussés de satin, qu'ils eussent pu blesser, et le Vito commença.

Cette fois, Madame, vous dire les hurlements de joie, les trépignements de plaisir de tous les convives, ce serait chose impossible, et cependant j'avoue que pour mon compte je trouvais cette exaspération on ne peut plus naturelle. Je ne me rappelle pas avoir vu de ma vie quelque chose de plus curieux que cette ivresse à laquelle le vin n'avait aucune part, saluant l'incroyable sylphide qui, sans ébranler la table, sans faire trembler les verres, sans faire choquer les assiettes, bondissait, dominant tout ce cercle d'hommes frénétiques qui dévoraient de leurs yeux enflammés chacun de ses mouvements.

Ce fut le dessert. — Quand Petra eut fini, on la prit sur sa chaise et on l'emporta dans la salle de bal en criant :

— La danse ! la danse !

Quelqu'un qui, sans être prévenu, eût passé devant la porte et eût entendu ces cris, eût pensé que l'on s'égorgeait là où au contraire tous les pores étaient ouverts à la joie et aspiraient le plaisir.

Chacune des autres danseuses, qui avaient présidé une table comme Petra, avait eu, comme Petra, son triomphe particulier.

Il y eut alors, avant que le bal commençât, un moment de chuchotements parmi les intimes, nos danseuses et les grands parents de nos danseuses.

Ce chuchotement, auquel moi, pauvre étranger, je ne comprenais rien, et dont le résultat me paraissait cependant impatiemment attendu par le reste de la société, s'acheva dans des cris de victoire :

— Le *Fandango* ! le *Fandango* ! Petra et Anita vont danser le *Fandango*.

Et, en effet, Petra et Anita venaient de consentir à danser ensemble, et dans toute sa pureté, le *Fandango*, qui est dansé ordinairement par un homme et une femme.

Figurez-vous, au lieu d'un mime de Zéa et d'une danseuse de Crète, deux filles de Crète, deux rivales de Phaon, deux compagnes de Sapho.

Le plus expert donneur de fêtes n'eût jamais plus habilement gradué les effets que ne venaient de le faire nos excellents hôtes.

Oh! Madame, si je n'ai point trouvé d'expression pour vous peindre la Cachucha de Carmen, le Vito d'Anita et d'Olé de Petra, comment en trouverai-je pour vous peindre le Fandango?

Imaginez deux papillons, deux abeilles, deux colibris, qui courent, qui s'élancent, qui volent l'un après l'autre, se touchent du bout de l'aile, se croisent, bondissent; deux Ondines, qui, par une belle nuit de printemps, au bord d'un lac, vont se jouant à la cime des roseaux, que leurs pieds diaphanes et roses ne font point plier; puis qui, après mille tours, mille fuites, mille retours, s'approchent graduellement l'une de l'autre, au point que leurs souffles se mêlent, que leurs cheveux se confondent, que leurs lèvres s'effleurent.

Ce baiser est le point culminant de la danse.

Et la danse s'évanouit comme s'évanouissent deux Ondines rentrant dans leur lac!...

*
**

Voilà ce que j'écrivais il y a cinq ans ; voilà ce qui m'apparaît aujourd'hui comme à travers un rêve.

Aujourd'hui la Petra danse, mais elle n'a plus avec elle ni Anita, ni Carmen.

Anita est morte, morte de la poitrine. Pauvre enfant! C'était la seule rivale que Petra pût avoir en Espagne, c'est-à-dire au monde : — elle n'en a plus !

Mais Carmen! qu'est devenue Carmen?

Carmen? elle s'est enfuie avec un beau jeune homme et n'a point reparu.

J'ai demandé ce qu'était devenu mon verre.

— Une nuit que le rossignol chantait dans les jardins de l'Alcazar, que la sérénade agitait ses grelots dans les rues de Séville, que deux lèvres amoureuses se joignaient au balcon de Carmen, mon pauvre verre, qui était sur la cheminée, se brisa tout seul, comme se brise la corde d'une harpe.

Le lendemain, la chambre de Carmen était vide et sa mère pleurait.

*
**

L'année dernière la Petra était à Bruxelles, où elle eut un succès fabuleux.

Or voilà ce qui arriva, c'est que ma chère Petra se mit en tête que j'étais pour quelque chose dans son succès, et qu'elle pria mon bon ami José de Olona, de venir me dire qu'un soir toute la troupe espagnole viendrait chez moi danser non seulement la Cachucha, non seulement le Vito, non seulement l'Ole, non seulement le Fandango, mais tout ce que je voudrais.

On comprend le bruit qu'une pareille promesse fit par la ville et le nombre de demandes que je reçus.

J'aurais eu l'Hôtel-de-Ville tout entier à ma disposition que la moitié des amateurs eût été forcée de regarder de la Grande-Place.

Je n'avais qu'une petite maison, juste un peu plus grande que celle de Socrate.

Je pus donc non seulement y recevoir mes amis, mais encore, dire à chaque ami de m'amener un ami.

Un de mes amis, nommé Cappelmans, m'amena un de ses amis nommé SAPHIR.

Cher lecteur, je vous avoue humblement que je ne savais point qui je recevais, je ne connaissais pas même Saphir de nom. Je crus recevoir un simple conseiller Aulique, un journaliste ordinaire.

Je recevais la pierre précieuse dont, après avoir été l'admirateur, je me fais l'orfèvre.

Maintenant, cher lecteur, voulez-vous savoir comment la fête annoncée se passa?

Lisez cet excellent article que mon ami Deschanel, Français réfugié, en a fait en manière de compte-rendu.

Alexandre DUMAS.

C'était fête samedi soir chez l'auteur de *Monte-Christo*, samedi soir ou dimanche matin; car lorsque je quittai sa petite maison du boulevard Waterloo, les premières lueurs de l'aube faisaient pâlir les becs de gaz de la porte Louise, et bientôt après le clocher de Saint-Jacques-sur-Caudenberg sonna quatre heures.

C'est presque toujours ainsi chez Alexandre Dumas; ses amis savent que lorsqu'il vous dit : « Venez donc prendre une tasse de thé vendredi soir, » c'est à peu près comme s'il vous disait : « Venez donc souper samedi entre une et trois heures du matin. »

Vous vous rappelez, en effet, — vous qui avez lu ses *Mémoires*, — combien il est partisan du souper :

« L'absence du souper, dit-il, a sur la civilisation des conséquences plus fâcheuses qu'on ne croit. C'est à l'absence du souper et à la présence du cigare que j'attribue la dégénérescence de notre esprit ; non pas que je dise que nos fils ont moins d'esprit que nous, Dieu m'en garde ! et j'ai pour mon compte un fils qui ne me le pardonnerait pas ; mais ils ont un autre esprit. Reste à savoir quel est le meilleur du leur ou du nôtre. Notre esprit à nous autres hommes de quarante ans est un esprit qui tient un peu de l'aristocratie du dix-huitième siècle, modifié par le côté chevaleresque de l'Empire. Les femmes avaient une grande influence sur cet esprit-là. Cet esprit, c'était surtout le souper qui l'entretenait.

« A onze heures du soir, quand on est délivré des soucis de la journée ; quand on sait qu'on a encore six ou huit heures qu'on peut employer à son loisir entre la veille et le lendemain ; quand on est assis à une bonne table, qu'on coudoie une belle voisine, qu'on a pour excitant les lumières et les fleurs, l'esprit se laisse emporter tout éveillé dans la sphère des rêves, et alors il atteint l'apogée de sa vivacité et de son exaltation. Non seulement on a, à souper, plus d'esprit qu'ailleurs, plus d'esprit qu'aux autres repas, mais encore on a un autre esprit. Je suis sûr que la plupart des jolis mots du dix-huitième siècle ont été dits en soupant.

« Plus de soupers! par suite, absence de cet esprit qu'on avait en soupant. »

Samedi donc, à onze heures du soir, une foule d'artistes, de littérateurs et de jolies femmes, amis du poète-romancier, remplissaient le grand salon du rez-de-chaussée, qui, paré pour leur faire accueil, était éblouissant à voir. Sur la tenture grenat, relevée sobrement, çà et là, de gros clous d'or, se détachaient, en or aussi, tout à l'entour, les plus belles statuettes moyen-âge, œuvres de la fantaisie moderne, tandis que, sur la vaste cheminée, le Voteur antique en bronze, haut de quatre à cinq pieds, — élevant les bras, entre deux immenses vases de Chine tout débordants de fleurs, de feuillages, de bruyères et de lianes, — semblait applaudir en face de lui la grande Vénus de Milo, qui, blanche et sereine, au sommet d'un grand bahut ciselé, dominait toutes ces statues.

Au dessous de la tenture grenat règne, depuis le parquet jusqu'à hauteur d'homme, une frise de chêne, le long de laquelle on voit d'un côté un admirable prie-Dieu gothique ouvragé et peint, représentant une Annonciation; de l'autre, un dressoir chargé de verres de Bohême, de cristaux et de porcelaines; sur les deux pans coupés, des divans algériens; ailleurs, des fauteuils de chêne sculptés en ogive; à droite et à gauche du bahut, de grandes potiches remplies de plantes et de fleurs.

Aux trois fenêtres et à la porte pendent d'amples rideaux aux couleurs ardentes, enlevés par le poète aux épaules des contrebandiers de Malaga et de Séville, à qui ils servaient de cape pour le jour et de lit pour la nuit.

Près du plafond, de distance en distance, — c'est là le cachet de ce lieu, — sont suspendus de petits écussons en relief représentant les armoiries réelles ou idéales des principaux poètes français contemporains :

Châteaubriand, de gueules, aux fleurs de lis sans nombre, avec cette devise donnée par saint Louis à son aïeul, retrouvé mourant sur le champ de bataille de Mansoura dans les plis d'un drapeau français : « *Mon sang teint les bannières de France.* »

Lamartine, d'or, aux deux fasces de gueules, avec un trèfle de gueules en abîmes, et cette devise : « *A la garde de Dieu.* »

Victor Hugo, avec son double écusson de famille et de conquête ; celui de famille, de sable au chef d'argent, avec deux merlettes de sable passant dans l'argent, et cette devise : *Hierro* (fer!) ; et celui de conquête, — c'est-à-dire celui que son père a rapporté d'Espagne, — écartelé en croix : au premier quartier à l'épée d'or, portant en pointe trois étoiles d'or ; au second, au pont muraillé, souvenir du pont de Saragosse, défendu par le général Hugo ; au troisième, au cheval cabrant comme le cheval de Job dans l'Écriture ; au quatrième, à la couronne murale.

Charles Nodier, d'argent, fascé d'azur, à deux pommes de pin, l'une au chef l'autre à la pointe, avec cette charmante devise qui peint si bien l'homme : « *Video, non invideo.* » (Je vois et je n'envie point.)

Enfin, au dessus d'une glace, le double écusson de famille et de fantaisie d'Alexandre Dumas. Celui de famille, d'azur à trois aigles d'or, posés deux et un avec un anneau d'argent en cœur, celui de fantaisie rappelant à la fois, par la Pyramide et le palmier d'or, la campagne d'Égypte, où le général Dumas commandait toute la cavalerie ; et par les trois têtes de chevaux de sable posées sur une bande d'argent, les trois chevaux que le général eut tués sous lui au siége de Mantoue.

Au dessus de tout cela on voit resplendir sombrement, en guise de plafond, un ciel d'Espagne ou d'Italie, d'un azur profond et limpide, semé d'étoiles d'or figurant les principales constellations.

Au milieu du parquet, recouvert d'une grande natte de Java à dessins multicolores, s'étale la dépouille terrible d'un grand ours blanc des mers glaciales, qui, peut-être, sous le pôle arctique, a vu passer le brave et malheureux capitaine Franklin, que l'univers attend avec anxiété.

Et puis, sur toutes ces belles choses, imaginez des flots de lumière versés par des lampes de toutes formes, par des myriades de bougies : lampes modernes à arabesques, candelabres antiques aux lignes pures et sévères, d'après les plus poétiques modèles retrouvés dans les fouilles d'Herculanum et de Pompeï ; autres candelabres en style Louis XIII, attachés à de petits miroirs réflecteurs ; au centre, un délicieux petit lustre en verre de Bohême, formé de feuillages en émail vert et de fleurs de lotos en opale aux tiges d'or.

Voilà où l'on causait en attendant la Petra Camara, qui dans le moment même recevait, au théâtre du Vaudeville, sa dernière pluie de bouquets, sa dernière avalanche de bravos, et qui allait nous arriver là toute vibrante encore et tout embaumée.

On causait donc, comme je vous le dis, et certes, si la causerie avait disparu de la terre, la vraie et fine causerie, la causerie spirituelle, brisée, capricieuse, étincelante, électrique, c'est chez Dumas qu'on la retrouverait. C'est à lui, c'est à son salon que je pensais, je crois, lorsque dernièrement j'écrivais à cette place même :

« La conversation, transformée, est devenue la causerie. L'une était toujours plus ou moins une sorte de tournoi de l'esprit qui avait ses lois et ses règles. L'autre, sans lois et sans règles, est une *promenade en zig-zag* ou un *voyage sentimental*. Elle est l'échange de sentiments et de pensées le plus capricieux, le plus fantasque, et à cause de cela le plus charmant. La causerie ne supporte pas le lieu commun que la conversation quelquefois admettait. La causerie imprévue, inégale, brisée, littéraire, mélancolique ou bouffonne, philosophique ou bête *à ravir la pensée*, est la forme la plus intime, la plus familière, la plus élastique, la plus électrique de l'esprit. »

Indépendamment du grand salon du rez-de-chaussée, il y avait au premier étage pour les rêveurs solitaires un petit salon en cachemire blanc, rideaux et divan de même, éclairé seulement aux bougies pour plus de douceur ; puis à côté, en suivant la gamme des lumières, une chambre en étoffe perse dans laquelle était suspendue une seule lampe d'opale au jour à la fois diaphane et voilé, un rayon de la lune emprisonné dans un vase blanc.

Je ne parle pas d'un petit boudoir vert et or avec un divan en foulard cerise, qui mériterait bien pourtant qu'on en parlât.

A onze heures et demie les danseuses et danseurs espagnols arrivent. En tête la Petra Camara et sa sœur Anna avec Guerrero : la Petra, plus belle et plus jeune encore qu'au théâtre, contrairement à l'optique ordinaire ; Anna, ce type merveilleux mêlé d'andalous et d'arabe; Guerrero, à l'esprit gracieux et vif comme sa danse ; tous étincelants et féeriques dans leurs costumes bariolés. On les accueille avec des bravos, et le maître de céans, usant de son privilége, baise la main de la Petra.

On monte alors dans la salle de Comédie. C'est Séchan qui l'a préparée, Séchan le prestigieux peintre qui vient de métamorphoser le théâtre de la Monnaie. En quelques heures, il a fait dresser ici une petite scène avec rampe et rideau *à la marionnette*, la plus primitive et la plus facile des esquisses, et il a peint lui-même le décor. Henri Monnier, avec le concours gracieux de quelques artistes, doit jouer *la Famille improvisée*, son chef-d'œuvre, sa création. Dumas, par une prévenance charmante pour ses hôtes andalouses et andalous, leur fait distribuer l'analyse de la pièce en espagnol. Voici la copie d'un de ces programmes.

LA FAMILLE IMPROVISÉE
Comédie-Vaudeville en un acte,
Par M. Henri MONNIER, Décors de M. SÉCHAN.
M. Henri MONNIER
Remplira cinq rôles de différents caractères qu'il a créés à Paris.
LES AUTRES RÔLES SERONT JOUÉS PAR
MM. PESCHEUX, REY, & Mmes ACHILLE, THIERRY & MARIE.

Adolfo Coquerel está á punto de casarse con la señorita Eulalia Amelin ; pero él ha prometido dar su mano ó otra muger, y declara su posicion embarazada á su amigo Alberto, jóven y espiritual pintor. Este, con objeto de hacer imposible á los ojos del señor y de la señora Amelin la union proyectada, improvisa una familia insoportable á Adolfo Coquerel apareciendo bajo diversos disfraces.

Inutile de dire que Monnier a été comme toujours admirable de verve et de finesse, et étourdissant de variété dans les cinq personnages de *la Famille*, et qu'il a été fort bien secondé.

Un seul incident, du genre intime, est venu non pas troubler, mais égayer encore la représentation de cette désopilante comédie. Au moment où Monnier, quelques minutes après avoir joué Coquerel, devait reparaître dans le costume de Joseph Prud'homme, « élève de Brard et de Saint-Omer, expert assermenté près les cours et les tribunaux, » son entrée a manqué de quelques secondes, et Pescheux, cumulant avec le rôle de M. Amelin les fonctions de régisseur qu'il est habitué de remplir avec tant de bon goût au théâtre des Galeries Saint-Hubert, est venu annoncer à l'assemblée « que M. Henri Monnier, ayant bu beaucoup de faro depuis quatre mois qu'il habite Bruxelles, ne pouvait plus entrer aussi vite qu'il eût fallu dans le pantalon noir de M. Prud'homme. » Une salve d'applaudissements accueillit l'explication de Pescheux, et une autre salve bombarda M. Prud'homme lui-même lorsqu'une minute après il entra en scène, étant entré dans le pantalon.

La pièce finie et le rideau tombé, tous les artistes furent rappelés et durent reparaître devant la rampe étincelante de bougies. Molière n'avait que des chandelles !

Au moment où l'on allait quitter la salle, le rideau se relève et l'on vient faire une seconde annonce, à savoir : que la table du souper n'étant pas encore dressée, deux amateurs, pour donner le temps d'ouvrir les huîtres, vont, l'un dire, l'autre écouter le Récit de Théramène.

Bientôt en effet paraît Thésée avec le roi des confidents, tous deux en costumes de fantaisie improvisés encore plus que tout le reste. Théramène aurait pu passer pour le Turc à lunettes qui vend des dattes sur le boulevard Bonne-Nouvelle, et Thésée pour quelque pompier de l'époque de la Renaissance, alors que les pompiers n'existaient pas encore, un pompier impossible enfin, avec un casque ombragé de grandes plumes de paon, éparses en signe de douleur paternelle. Théramène récita la mort d'Hippolyte en patois franco-marollien. Ainsi modifié, ce récit eût pris aux yeux de Racine lui-même un aspect imprévu. Enfin on trouva, — *proh pudor!* — que ce morceau, y compris le monstre *couvert d'écailles jaunissantes*, ne manquait pas de gaîté.

Mais il est temps d'aller souper, les huîtres sont ouvertes. Quittons la salle de Comédie et descendons dans le petit jardin d'hiver que le poète a fait construire et orner à la place où était la cour de la maison. Figurez-vous une légère nef de verre, tapissée de lianes échevelées, de plantes tropicales, de fleurs exotiques ; puis des rossignols et des colibris voltigeant en liberté parmi ces feuillages, et à travers tout cela les lampes ardentes, les candelabres tordant leurs girandoles parmi les arbustes ; enfin, sous cette voûte de verdure et de lumière, un vrai festin de Balthazar.

Le souper était préparé pour une soixantaine de personnes. La longue table remplissait et ce jardin d'hiver et le vestibule qui y fait suite, orné de lanternes chinoises, de vases japonais, d'armoires de laque, de yatagans, de dirks et d'armures. Mais attendu que l'on comptait sur une soixantaine de convives, il en vint quatre-vingts ou cent; c'est encore toujours comme cela chez Dumas, où chaque ami a le droit d'amener tous les siens pour faire honneur au proverbe français.

Cela n'en fut que plus amusant, parce que l'on dut improviser encore une petite table outre la grande. Et si vous aviez vu les aimables enfants qui étaient à cette table ! C'étaient des artistes de renom et des littérateurs humouristes, qui se plaignaient sans cesse qu'on les oubliait quoiqu'il n'en fût rien. Ruggieri, dont la population bruxelloise avait applaudi la veille au soir l'admirable feu d'artifice, se distinguait entre tous par sa verve, sa gourmandise et ses saillies : c'était un autre feu d'artifice, aussi éblouissant que le premier, qu'il nous tirait à domicile.

La grande table avait le bonheur de posséder toutes les dames belges, françaises et espagnoles : voilà ce qui, à vrai dire, faisait crier la petite ; car pour les viandes, les pâtés, les poissons, les melons, les plateaux de fruits et de fleurs, ils circulaient partout avec une profusion de Gamache. Les vins du Rhin coulaient à flots, accompagnant les huîtres d'Ostende , le vin de Beaune avec les pâtés d'Amiens, le Champagne frappé avec les homards ; puis les raisins de Malaga et les oranges de Valence, tous les vins dorés, Xérès, Val de Peñas, Rota, et Pejarete, compatriotes de ces fruits savoureux et des señores et señoras qui les humaient de compagnie avec nous.

Comme nos hôtes espagnols ne savaient pas le français, et que parmi nous deux ou trois seulement savaient quelques mots d'espagnol, il en résultait la conversation la plus drôle qui se puisse imaginer ; c'était un bariolage de français hybride et de castillan présomptueux à mourir de rire ! J'avais pour voisine la señorita Gabriela, et pour vis-à-vis la señorita Justa, deux ravissantes jeunes filles de quatorze à seize ans avec lesquelles je baragouinais andalous du mieux qu'il m'était possible : *muy nevada ! — hermosos ojos ! muy buenos !* appelant à mon aide tous mes souvenirs de Burgos, de Madrid, de Grenade et de Malaga, *las corridas de toros*, le Buen-Retiro, l'Alhambra, *la Sierra del Sol*, et en face l'Albacyn tout percé de trous remplis de Gitanos et de Gitanas, sorte de Cours des Miracles aériennes en relief au lieu d'être en creux comme était celle du vieux Paris, et tout ce qu'avaient pu m'apprendre de la langue espagnole une petite Madrilène, pâle comme du lait, qui s'appelait *Pepa*, et une petite Malagaise couleur d'olive, qui avait nom *Incarnacion*. Quant à la Petra Camara, c'était notre hôte qui, par droit du seigneur, se l'était adjugée et l'avait fait asseoir à sa droite. Ce qu'il lui disait, je ne l'ai pas su.

Sa voix d'ailleurs, aussi bien que les nôtres, je veux dire celle de la señorita Gabriela et la mienne, était couverte par le bruit général qui peu à peu était arrivé à un diapason splendide, rappelant avec plus d'élégance mais non moins de verve l'éblouissant chapitre de Gargantua intitulé : *Les propos des beuveurs !* Les toasts se croisaient en tous sens. On buvait aux artistes présents : Madou, Stévens, Slingeneyer, Fraikin ; on buvait aux grands poètes absents, et le nom de l'un d'eux fut salué d'une triple salve. Les artistes belges et français buvaient aux artistes espagnols ; les artistes espagnols buvaient aux artistes français et belges ; c'était une mêlée d'enthousiasme, une tour de Babel de hurrahs prolongés.

Et tout cela pourtant n'était rien auprès de ce qui allait suivre.

Ce qui allait suivre, c'était la danse, la danse espagnole andalouse, Petra Camara et Guerrero ; non pas leur danse du théâtre, officielle, revue et corrigée, mais leur danse indigène et vraie, avec toutes ses grâces et toutes ses témérités, tous ses caprices et toutes ses ivresses. Après être sorti de table et avoir erré pendant quelque temps dans tous les salons, après avoir admiré les belles peintures dont je ne n'ai pas parlé encore, l'*Hamelet* d'Eugène Delacroix ; *Hamelet causant avec Horatio dans le cimetière*, et tenant le crâne du pauvre Yorik ; puis une autre page du même grand artiste non moins précieuse, le *Tasse dans l'hôpital des fous* ; — il y a là des physionomies de fous qui font frissonner ; — puis un Decamps, puis un Slingeneyer ; après cette sorte d'entr'acte, tout le monde revint dans le grand salon. Le bruit des castagnettes et des guitares se fait entendre, accompagnant ces chants mélancoliques et gutturaux que les Arabes ont laissés à l'Espagne. Les danseurs et les danseuses occupent le milieu du salon, d'où l'on a enlevé le grand ours blanc de la mer polaire, qui embarasserait leurs petits pieds; les assistants sont groupés autour, les femmes assises sur les divans et les fauteuils, les hommes par terre, à la turque, vraies premières loges en pareille fête ! Et voilà que le tourbillon commence...

D'abord un pas de deux, Guerrero et Petra; cette danse où, suivant l'heureuse expression d'Alexandre Dumas, les mains s'étreignent, où les épaules se touchent, où les haleines se confondent, c'est le *Fandango*. Ils ont à peine fait quelques figures que tout le monde applaudit et crie; ils bondissent enivrés, piaffent et hennissent jusqu'à ce qu'enfin, hors d'haleine, ils aillent tomber de lassitude sur un des divans, où tout d'un coup ils forment sans s'en douter un vrai tableau de Murillo. Cette autre danse à quatre, où la danseuse piétine comme une femme arabe sur son tapis de Tripoli, c'est le *Zapateado*. Les trépignements de l'assemblée, hommes et femmes, se joignent à ceux des danseurs. Je vois le moment où spectateurs et spectatrices vont s'élancer et zapateader à leur tour.

Cette autre danse à huit, où les sombreros volent sous les pieds des danseuses, c'est l'*Ole*, la danse essentiellement nationale de Séville et de Grenade. Alors les castagnettes redoublent de rage ; les guitares et les chanteurs, par un contraste qui vous saisit l'âme, redoublent de mélancolie ; la tristesse incurable du fataliste Orient se mêle à toute cette ivresse. Heureusement l'ivresse l'emporte ; les cris des assistants provoquent ceux des danseurs. Ils ne sont plus huit, ils sont douze ! Ils ne sont plus douze, ils se multiplient ; tous les señores et toutes les señoras s'élancent de toutes parts, se rencontrent, se fuient, s'entre-croisent ; c'est une furie, le salon croule d'applaudissements frénétiques.

Que vous dire ? ces danses vous ont été décrites ici l'autre jour par l'amphitryon même de cette fête avec tant de couleur et d'éclat que je ne saurais parler après lui.

Il était trois heures et demie, on dansait encore, on aurait dansé toujours, et pas un des assistants n'eût songé à autre chose qu'à applaudir à grands cris ou à verser du champagne aux danseuses et aux danseurs dans l'intervalle des pas.

Mais la mère de Petra et d'Anna Camara, un type admirable comme ses deux filles, commençait peut-être à cause de son grand âge à trouver la nuit un peu longue ; elle se leva, et nous fîmes comme elle. Ce fut, hélas ! le signal du départ.

Alors toute cette foule enivrée commença à se disperser, non sans avoir fait quelques tours de valses mi partie espagnoles, allemandes et françaises.

Tout s'écoule enfin peu à peu, à regret, aux pâles reflets de l'aube.

Quant à Dumas, le travailleur infatigable, l'homme sans sommeil, il remonta, en nous disant adieu, dans son cabinet d'études pour finir le quatrième acte de *La Jeunesse de Louis XIV*, qu'il doit livrer demain à une heure à la Comédie-Française à Paris. Il lui restait deux jours pour faire le cinquième acte.

De toutes les fêtes qu'il a improvisées dans sa charmante petite maison, celle-ci, par la variété des éléments qui la composaient, a été une des plus étourdissantes. C'était un vrai rêve des Mille et une Nuits, mais dans lequel en plus les arts de l'Occident se combinaient avec les fantaisies orientales, et où l'on voyait les gloires du

Nord croiser leurs rayons avec les auréoles des beautés du Midi.

E. Deschanel.

Pour copie conforme :

AL. Dumas.

TABLE

	PAGES.
Quelques mots au Lecteur	1
Le Livre de la Vie et son Censeur	5
Première grande biffure du Censeur de la vie : Argent. — Sans Argent	10
Seconde grande biffure du Censeur de la vie : Mère. — Sans Mère	17
Réflexions mondaines d'un Hanneton	31
L'Homme et les Années de la vie	41
Tablettes d'un Misanthrope	49
Annuaire d'une Chanteuse	54
L'Homme-Femme	57
L'Homme d'expérience	69
Conseils d'un Fou à ses amis les gens sérieux, à propos du Mardi-Gras	73
Le Papillon	77
Les Étoiles commis-voyageurs :	
Comment le manuscrit de M. ***, poëte et journaliste viennois, est tombé entre les mains de l'auteur	83
Vieille, merveilleuse et honnête histoire mise à neuf et communiquée au lecteur par un prisonnier nommé ***, poëte, journaliste et amuseur public, breveté, mais s. g. d. g.	89

	PAGES.
La Marchande d'Esprit................................	93
La Marchande de Vertu................................	102
La Marchande de Santé...............................	108
La Marchande de Longues années.................	114
La Marchande d'Honneur.............................	118
La Marchande de Plaisirs.............................	119
La Marchande d'Argent...............................	122
Histoire merveilleuse d'un homme qui passe en revue les feuillets de son Album...............................	125
Comment je fis connaissance avec mon ami Saphir.....	195

EN VENTE

Blondine, par Mme Cécile de VALGAND. — 1 vol. in-8. — 4 »

Coopération des puissances neutres, et Nécessité du rétablissement de la Pologne, par Adrien FÉLINE. — in-8. — 1 »

De l'Avenir alimentaire de la France, par le comte de MONTUREUX. — 1 vol. in-8. — 2 »

Éloge de la Mort, Guide dans la vie, des choses mystérieuses et surnaturelles, par J.-M. GALLY. — 1 vol. in-8. — 3 50

Esthétique nouvelle, ou Nouvelle théorie de l'attraction passionnelle, et rapport harmonique entre les sons, les odeurs et les couleurs, par le comte Gust. de LA MOUSSAYE. — in-8. — 1 »

Fables, par Fr. JACQUIER. — 1 vol. in-18. — 3 »

Fables morales et politiques, par M. de LABOULIE. — 1 vol. in-18 anglais. — 2 50

Feuilles de lierre, par Ferdinand FABRE. — 1 vol. in-18 anglais. — 3 »

Histoires cavalières, par D.-L. EIMANN, avec une Préface par Alexandre DUMAS. — 1 vol. in-18 anglais. — 2 »

La Jeunesse de Pierrot, par ARAMIS. — 1 vol. in-24. (Livre pour enfants.) — » 75

Le Bois de Boulogne, histoire, types, mœurs, embellissements, transformation, par Edouard GOURDON. — 1 vol. in-18 anglais. — 2 50

— Avec la Carte itinéraire coloriée. — 3 »
— La Carte seule. — » 75

Les Habitants du monde invisible, ou les Purs esprits, les Anges déchus et les Possédés. — 1 vol. in-8. — 5 »

Les Mœurs d'aujourd'hui, par Aug. LUCHET. — Un très-joli vol. in-18 jésus. — 2 50

Les Fleurs, poésies, par Mme Desbordes-Valmore. — 1 vol. in-8.   2 »

Les Révolutionnaires de l'A-B-C, par Alex. ERDAN. — 1 demi-vol. in-8.   3 50

Paris la nuit, par Ed. GOURDON. — 1 vol. in-24.   1 »

Physiologie de l'Amour, par C.-D.   2 »

Révolution de Brumaire, ou Relation des principaux événements des journées des 18 et 19 brumaire, par Lucien BONAPARTE, prince de Canino. — 1 vol. in-8.   3 »

Saphir, pierre précieuse montée par Alexandre DUMAS, — 1 vol. in-18 anglais.   2 50

Stratégie de la Paix, auxiliaire de la guerre, par Ernest CHARRIÈRE. — in-12.   1 »

On trouve à la même Librairie :

André, par G. SAND. — 1 vol. in-8.   2 »

Abrégé de Chimie, par PELOUZE et FRÉMY. — 2 vol. in-12.   6 »

Au Coin de l'Atre, nouvelles et mélanges, par Jules PAUTET. — 1 vol. in-8.   3 50

Changements d'organisation des Ponts-et-Chaussées et de l'École Polytechnique, par VALLÉE. — 1 vol. in-8.   5 »

Charlotte de Valois et Jacques de Brézé, — 1 vol. in-8.   2 50

Chasses exceptionnelles, par d'HOUDETOT. — 1 vol. in-8.   7 50

Colomba, par Prosper MÉRIMÉE. — 1 vol. in-8.   3 »

Correspondance diplomatique de Bertrand de SALIGNAC DE LA MOTHE FÉNELON, ambassadeur de France en Angleterre, de 1568 à 1575, auprès de la reine Élisabeth, sous les règnes de Charles IX et de Henri III. — 7 vol. in-8.   56 »

Correspondance entre le comte de Mirabeau et le comte de La Marck. — 3 vol. in-8.   15 »

Cours d'économie politique, par P. Rossi. — 2 vol. in-8. 15

Cours de style épistolaire, par M. Cellier-Dufayel. — 1 vol. in-8. 5 »

De la Démocratie en France, par M. Guizot. — 1 vol. in-8. 3 »

De la Démocratie française et de son avenir, par J. Bonnetain. — 2 vol. in-8. 8 »

De la Pologne et des cabinets du Nord, par Félix Colson. — 3 vol. in-8. 10 »

De l'État civil des personnes et de la condition des personnes dans les Gaules, par C.-J. Perreciot. — 2 vol. in-8. 10 »

De l'Équitation et des Haras, par le comte Savary de Lancosme-Brèves. — 1 vol. in-4. 6 »

De l'Ordre religieux basé sur le Christianisme, par J. Bonnetain. — 2 vol. in-8. 10 »

Des Prolétaires, nécessité et moyen d'améliorer leur sort, par Gougenot-Desmousseaux. — 1 vol. in-8. 5 »

Des Ventes aux enchères, débouchés nouveaux à ouvrir dans Paris pour les marchandises de toute espèce, par Dumesnil-Marigny. — 1 vol. in-8. 2 »

Dictionnaire des Arts et Manufactures, de l'Agriculture, de Mines, etc., publié sous la direction de M. C. Laboulaye. — 4 vol. grand in-8, à deux colonnes, 3,000 gravures intercalées dans le texte. 60 »

Dictionnaire des Actes sous seing privé et conventions verbales, par Frémy-Ligneville. — 2 vol. in-8. 15 »

Dictionnaire raisonné des difficultés de la langue française, par Laveaux. — 1 vol. grand in-8. 9 »

Dictionnaire des Arts et Métiers, par MM. Francœur, Robiquet, Payen, Pelouze, Brongniart, Chevreul et Dufresnoy. — 6 vol. in-8, avec atlas. 20 »

Encyclopédie des Connaissances utiles. — 2 vol. grand in-8, illustrés d'environ 1,500 gravures intercalées dans le texte. 25 »

Encyclopédie du Dentiste, par William Rogers. — 1 vol. in-8. 7 50

Exposé d'un système philosophique, suivi d'une Théorie des sentiments ou perceptions. — 1 v. in-8. 6 »

Fables de Pfeffell, traduites par Paul Lehr. — Un magnifique vol, grand in-8, édition de luxe. 10 »

Harmonies sociales, par Louis Le Hir. — 1 vol. in-8. 3 50

Histoire de Colbert. Histoire de la vie et de l'administration de Colbert, par Pierre Clément. — 1 vol. in-8. 8 »

Histoire de la Convention nationale, par M. de Barante. — 6 vol. in-8. 36 »

Histoire de huit ans, par Elias Regnault. — 3 vol. in-8. 12 »

Histoire de la Bourgeoisie de Paris, par Francis Lacombe, et les Bourgeois célèbres de Paris, par le même. — 4 vol. in-8. 20 »

Histoire de Louis-Philippe-Joseph d'Orléans, par Tournois. — 2 vol. in-8. 10 »
— Le même ouvrage. — 1 vol. in-12. 3 »

Histoire de la Vie et des ouvrages de Raphaël, par Quatremère de Quincy. — 1 vol. in-8. 10 »

Histoire de Madame de Maintenon, par M. le duc de Noailles. — Les 2 volumes parus. 18 »

Histoire de Paris, par Th. Lavallée. — 1 vol. grand in-8, édition illustrée de 207 grav. 12 »

Histoire de Venise, par Daru. — 8 vol. in-18. 18 »

Histoire naturelle des Oiseaux, par Lemaout. — Un vol. grand in-8, figures coloriées. 21 »

Homme, Univers et Dieu, par Amard. — 2 vol. in-8. 12 »

Itinéraire de Paris à Jérusalem, par Chateaubriand. — 1 vol. in-8. 5 »

La Médecine jugée par les Médecins. — 1 vol. in-8. 2 50

La Bretagne, par J. Janin, édition magnifiquement illustrée. — 1 vol. grand in-8. » »

La Chambre des Députés et la Révolution de Février, par M. Sauzet, ancien président de la Chambre des Députés. — 1 vol. in-8. 5 »

La Comédie de la Mort, par Th. Gautier. — Un magnifique vol. in-8, *édition de luxe*. 10 »

La Peau de Chagrin, par H. de Balzac. — 1 vol. illustré de nombreuses gravures sur acier. 7 »

Lettres posthumes de Cabanis. — 1 vol. in-8. 3 »

Le Livre des Rois, par Alexandre WEIL. — 1 vol. in-8.	5 »
Les Galanteries de Bassompierre, par LOTTIN DE LAVAL. — 3 vol. in-8.	12 »
Le Mexique, par Isidore LOVENSTERN. — 1 vol. in-8.	5 »
Les Mystères du Grand Opéra, par Léo LESPÈS. — 1 vol. in-8.	1 »
L'Impôt, par Emile de GIRARDIN. — 1 vol. in-8.	5 »
L'Irlande et le pays de Galles, par Amédée PICHOT. — 2 vol. in-8.	16 »
Manuel des Arbitres, par M. CH. — 1 vol. in-8.	5 »
Mémoire sur l'Histoire de la régénération roumaine, par Héliade RADULESCO. — 1 vol. in-8.	4 »
Méthode de calcul mental, par LEROY, — 1 vol. in-8.	5 »
Méthode du docteur Beauvoisin dans le traitement du *Cancer*. — 1 vol. in-8.	5 »
Morceaux choisis de CATULLE, PROPERCE, OVIDE, etc. — 1 vol. in-8.	3 50
Nouveau Manuel des Maires, par BOYARD. — 2 vol. in-8.	12 »
Nouvelles Études sur la Législation charitable, par LAMOTHE. — 1 vol. in-8.	7 50
Notes morales de Racine, recueillies par le marquis de LAROCHEFOUCAULD-LIANCOURT. — in-8.	» 50
Œuvres de Malherbe, édition Lefèvre. — 2 vol. in-8.	8 »
Œuvres de J.-B. Rousseau, édition Lefèvre. — 2 vol. in-8.	8 »
Philosophie politique, ou de l'Ordre moral dans la société humaine, par Ev. BAVOUX. — 2 vol. in-8.	6 »
Plus de Grammaire, par BESCHERELLE. — 1 vol. in-12.	2 50
Poésies, par Mme BAYLE-MOUILLARD. — 1 vol. in-8.	3 »
Portefeuille d'un Marin, par Edouard BOUVET. — 1 vol. in-8.	3 »
Qu'est-ce que le peuple? Étude sur son droit de souveraineté et sur l'exercice de ce droit. — 1 vol. in-8.	5 »

Rome ancienne et moderne, par Mary-Lafon. — 1 vol. gr. in-8, illustré de gravures sur acier. 20 »

Souvenirs et Impressions d'un Proscrit, par J. Héliade Radulesco. — 1 vol. in-8. 4 »

Souvenirs de l'Émigration polonaise, Almanach historique, par A. Krosnowski. — 1 v. in-24. 4 »

Système de législation, d'administration et de politique de la Russie en 1844, par un homme d'état russe. — 1 vol. in-8. 4 »

Système social et responsabilité de l'homme, par A. Barbet. — 1 vol. in-8. 4 »

Une Solution de la question des houilles, par François Coignet. — 1 vol. in-8. 2 »

Vie de Toussaint-Louverture, par Saint-Remy, 1 vol. in-8. 6 »

Voyage politique à Alger, par Evariste Bavoux, — 2 vol. in-8. 6 »

Werther, par Gœthe, traduction de Pierre Leroux, travail littéraire de G. Sand. — Un magnifique vol. grand in-8, illustré par Tony Johannot. 8 »

Imp. Maulde et Renou, rue Rivoli, 114.

www.ingramcontent.com/pod-product-compliance
Lightning Source LLC
Chambersburg PA
CBHW050340170426
43200CB00009BA/1673